第一册

课本里的小古文

杨宏丽　主编

山东友谊出版社·济南

序 >>>

　　书声琅琅，开卷有益；文以载道，继往开来。迄今为止，汉字是世界上使用时间最长的文字。更让我们骄傲的，是自汉字诞生以来，先贤们用妙笔写就的美文。

　　文言文中的名篇，或议论，或叙事，或抒情，语言优美、韵律工整、音调和谐，且包含了古人的生活、情感、精神、智慧、哲学内涵，折射出历代的社会制度、文化意蕴、宗教礼俗、意识形态等特征，是一笔非常宝贵的文化遗产。这些美文经历了时间的考验，至今读来，依然让人唇角含香，余味无穷。爱上小古文，无关功利，意在文化。诵读小古文，意义不仅仅在于让孩子们切身感受到汉语严密的逻辑性、生动的形象性和灵动有味的抒情性，更在于在孩子们心中打下受用一生的中国优秀传统文化的底子，引发他们对祖国语言和历史文化的自觉接受。

　　我们编写的这套《课本里的小古文》，力求通过生动活泼的形式，让孩子们在轻松愉悦的学习过程里体会古文名篇里积淀的文字美，韵律美，哲思美，意境美……

　　来吧，孩子们，让我们一起大声读起来。

杨宏丽

目 录

敏而好学，不耻下问

原文

子贡问曰："孔文子①何以谓之'文'也？"

子曰："敏②而好学，不耻下问，是以谓之'文'也。"

——《论语·公冶长》

一年级下册

·出处·

《论语》——孔子的弟子及再传弟子记录孔子及其弟子言行的书。

·注释·

① 孔文子：卫国大夫孔圉（yǔ），"文"是谥（shì）号，"子"是尊称。

② 敏：敏捷、勤勉。

·译文·

子贡问道："为什么给孔文子一个'文'的谥号呢？"

孔子说："他聪敏勤勉而好学，不以向比自己地位低下的人请教为耻，所以给他谥号叫'文'。"

4

我是儒家学派创始人

孔子

孔氏名丘，字仲尼，春秋时期鲁国人，大思想家、大教育家。周游列国十四载，门下弟子三千众，后人称我孔圣人，两千余座孔庙祭我太疯狂。

子贡

我是儒商鼻祖

复姓端木，单名赐，字子贡，春秋末年卫国人，孔子得意门生，擅雄辩，入职鲁、卫二国为相。端木遗风诚信经商，民间信奉财神之一。

孔文子

我是……
他俩讨论之人……

孔氏名圉，谥号"文"，春秋时期卫国大夫，聪明好学且谦虚。

汉语源远流长、博大精深，这段古文衍生出了两个成语：

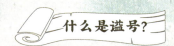

敏而好学　不耻下问

敏而好学：敏，聪明；好，喜好。意思是天资聪明而又好学。

不耻下问：意思是乐于向学问或地位比自己低的人学习，而不觉得不好意思。形容人谦虚好学。

什么是谥号？

古文小锦囊

谥号是君主时代人死之后，后人依其生前事迹给予评价的文字。谥号高度概括一个历史人物的生平。

一般说来，皇帝、嫔妃以及国家重臣等社会地位比较高的人物，在去世之后才会拥有谥号。

看看下面几个历史上著名人物的谥号。

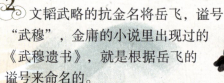

1 "先天下之忧而忧，后天下之乐而乐"的范仲淹，谥号"文正"，他的诗文集《范文正公文集》，就是后人根据他的谥号来命名的。

2 文韬武略的抗金名将岳飞，谥号"武穆"，金庸的小说里出现过的《武穆遗书》，就是根据岳飞的谥号来命名的。

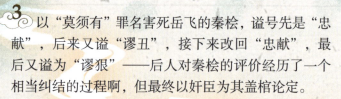

3 以"莫须有"罪名害死岳飞的秦桧，谥号先是"忠献"，后来又谥"谬丑"，接下来改回"忠献"，最后又谥为"谬狠"——后人对秦桧的评价经历了一个相当纠结的过程啊，但最终以奸臣为其盖棺论定。

今天的聊天主题：翅膀硬了后……都整两句，大家畅所欲言，老师我不打板子。

一个中等国家，夹在大国之间，受到别国欺负，国内又遭遇饥荒。这样的国家，如果让我来管，三年，三年时间，就可以让人民团结起来抵抗外敌，而且还讲礼貌。

老夫子（孔子）

😊嗯，别冷场，继续，没人说那我就点名了哈！求，你。

仲由（子路）

一个小国家，让我来管，三年时间，就可以使老百姓脱贫致富。至于文艺娱乐，跳广场舞啥的，那只有另请高明了。

我没什么本事，但是我愿意学。我喜欢做主持人，大领导开会的时候，我愿意穿着礼服，戴着礼帽，做一个小小的司仪。

冉求（子有）

公西华，你来说。

老夫子（孔子）

点点，别弹琴了，你怎么做？

公西赤（子华，公西华）

铿（琴声骤停）。我和他们三人的本事不一样。

曾点（曾皙）

那有什么关系呢？不过是各自谈谈自己的志向罢了。

暮春时节，天气和暖了，春耕已过。我和五六个成年人、六七个少年，到沂河里游泳，在舞雩台上吹吹风，唱着歌儿回家。

老夫子（孔子）

唉——我和点点想的一样哈。

不知则问，不能则学

原文

不知①则问，不能②则学，虽能必让③，然后为德④。

——《荀子·非十二子》

一年级下册

·出处·

《荀子》——一部由荀子及其弟子所总结记录的著作，记叙了思想家荀况的政治、伦理及经济思想。

·注释·

① 知：知晓，懂得。
② 能：会。
③ 让：谦让。
④ 德：德行，品德。

·译文·

不懂就问，不会就学，即使有才能也要谦让，这样才是有德行。

小古文关键词

我是荀卿，又名孙卿。

荀子

姓荀名况，单字卿，战国时期赵国人，
继承儒学再发扬，融汇百家又出新，
四国游学传王道，收徒李斯和韩非，
荀卿孙卿都是我。

9

这段古文衍生出两句流传很广的学习名言：

不知则问　不能则学

不知则问：知，懂得；问，请教。不懂的地方就要请教。

不能则学：能，会；学，学习。不会的东西就要学习。

荀子为什么叫孙卿？

古文小锦囊

西汉时期，汉宣帝名叫刘询。据载，为避讳皇帝的名字，人们就把"荀"改成古代字音相近的"孙"啦！所以呀，荀子叫荀卿，也叫孙卿。

荀 → 孙

通假字

在古代，汉字存在一个有趣的"通假字"现象，即用读音相同或相近的字代替原来的字，被代替的那个字叫"本字"。比如，"女"通"汝"，是第二人称"你"的意思，"汝"是本字。

荀子"不能则学"论坛

荀子

来来来，今天的交流主题来啦——"不好好学习的孩子，一旦发奋读书会变成啥样？"

沙发！俺先说！俺当军官那会儿，天天忙得要命，哪有空读书啊！可是，俺领导孙权让俺抽空多读书。俺这才开始看书。真是不看不知道，一看真有妙！看书多了，俺这知识和眼界嚕嚕地涨！这不，鲁肃谋士来和俺讨论事儿，夸俺"已经不是原来吴地的阿蒙"了。后来人们根据俺的事例，还造出个"吴下阿蒙"的成语，形容一个人进步非常大呢！

吕蒙

吕大哥你说得太啰嗦！我就说三句话，第一句：我从小没读什么书，参军后打打打，当上了指挥使；第二句：大文豪范仲淹送给我一本《左氏春秋》，让我多了解历史；第三句：看书后，我成了北宋名将，名标青史！

狄青

说来惭愧，我小时候太淘气，二十七岁才开始好好读书。这一发奋，好嘛，我成了大文豪，还培养了两个大文豪儿子——苏轼、苏辙。我们爷仨一个不落，都进入唐宋八大家的行列中啦！

苏洵

我也整两句。读书嘛，还是要多读经典。我原本读书也不多，后来当了宰相，那点儿知识不够用了。咋整呢？我就狠狠读《论语》，处理政事又快又好。后来，人们都说我是"半部《论语》治天下"呢！

赵普

荀子

唔，我说的"不能则学"很有道理吧？

道理是好的，但俺四个好兄弟都是纯爷们，啥叫"不好好学习的孩子"啊？

荀子

和我老人家比，你们不是孩子是什么？嗯？

志当存高远

夫志当存①高远，慕先贤，绝情欲，弃凝滞②，使庶几③之志，揭然④有所存，恻然⑤有所感；忍屈伸，去细碎⑥，广咨问，除嫌吝⑦，虽有淹留⑧，何损于美趣，何患于不济⑨。

——诸葛亮《诫外甥书》

二年级上册

· 出处 ·

《诫外甥书》——也题作《诫外生书》，是诸葛亮写给外甥庞涣的书信，教导庞涣立志成才的道理。

· 注释 ·

① 存：怀着，怀有。
② 凝滞：代指郁结在心中的俗念。
③ 庶几：接近，差不多。
④ 揭然：高举的样子；显现。
⑤ 恻然：恳切的样子。
⑥ 细碎：指各种杂事。
⑦ 嫌吝：怨恨耻辱。
⑧ 淹留：埋没。
⑨ 济：成功。

人应当树立远大的理想，追慕先贤，节制欲望，去掉胸中俗念，使几乎接近圣贤的那种高尚志向，在身上显现出来，让心灵有所震撼；要能屈能伸，从容应对顺境与逆境，摆脱琐碎杂事，广泛向人请教，根除自己怨天尤人的情绪。做到这些以后，虽然也有可能在事业上停步不前，但哪会折损自己高尚的情操，又何必担心不成功呢！

小古文关键词

我是蜀汉丞相

诸葛亮

复姓诸葛，单名亮，字孔明，时人称我为卧龙，满腹才学晓军事，辅佐刘备建蜀汉，鞠躬尽瘁辅幼主，伐魏不成身先死。

庞涣

我是……
书信里的那个外甥

姓庞名涣，字世文，舅舅卧龙诸葛亮，堂叔凤雏庞士元。做过西晋牂牁（zāngkē）郡太守。

13

这段古文衍生出一个成语：

志存高远

志存高远：志，志向；存，怀有。立下远大的志向，形容有雄心壮志。

古人的"号"

古人除了名和字以外，还流行取"号"，也就是外号。自己取的号称为自号，别人起的号叫赠号。

来看看这些五花八门的号吧——

1 地点类：苏轼被贬谪到湖北黄州，在黄州城东开垦了一块坡地，筑起东坡雪堂，并自号"东坡"。

2 兴趣志向类：唐寅喜欢桃花，号"桃花仙人"；贺知章性格潇洒爱自由，号"四明狂客"。

3 官职谥号类：杜甫做过检校工部员外郎和左拾遗，号"杜工部""杜拾遗"；陶渊明谥号为靖节，被称为"靖节先生"。

4 推崇类：诸葛亮、庞统、姜维和司马懿四人才干卓绝，分别被称为"卧龙""凤雏""幼麟""冢虎"。

有志者事竟成

原文

将军①前②在南阳③，建此④大策，常以为落落⑤难合⑥，有志⑦者事竟⑧成也。

——《后汉书·耿弇传》

· 出处 ·

《后汉书》——南北朝时期宋朝历史学家范晔编写的纪传体史书，记载了东汉时期共195 年的史实，位列"前四史"。

· 注释 ·

① 将军：指耿弇（yǎn），东汉开国名将。
② 前：之前，从前。
③ 南阳：今湖北枣阳。
④ 建：建议，提议。
⑤ 落落：疏阔，空荡的样子。
⑥ 合：实现。
⑦ 志：决心，毅力。
⑧ 竟：终究，必然。

· 译文 ·

光武帝刘秀对耿弇说："将军之前在南阳提出讨伐张步的策略，当时以为只是空谈难以实现，现在看来，有决心，事情终究会成功啊！"

小古文关键词

刘秀

我是说这句话的人

姓刘名秀，字文叔，高祖刘邦九世孙，王莽篡汉天下乱，南阳起兵复汉室，平定天下建东汉，庙号世祖谥光武。

耿弇

我是被夸奖的人

姓耿名弇，字伯昭，家在今陕西兴平，少喜兵事投刘秀，征战南北战功多，位列云台二十八将。

这段古文里隐藏着一段以少胜多的精彩战事：

耿弇破张步

　　张步定都剧县，弟弟张蓝据守西安县（今山东桓台县东）。耿弇声东击西，假装要攻打西安县，实际却半夜出兵，攻下大城临淄。

　　张步大怒，亲自率领二十万大军讨伐耿弇。耿弇以逸待劳，命令主力部队假意示弱，一直退入临淄城。只派将领刘歆、陈俊在临淄城下扎营布阵，吸引张步军队进攻。同时，还派两支军队悄悄埋伏在张步回剧县的必经之路上。

　　张步果然中计，来到临淄城下与刘歆等人交战。交战中，耿弇突然从东边城门杀出，加入战阵。久攻不下，张步率军撤退，半路与两支埋伏已久的军队遭逢，被打得溃不成军。

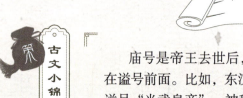

庙号

古文小锦囊

　　庙号是帝王去世后，在太庙被奉祀时的名号，排在谥号前面。比如，东汉开国皇帝刘秀庙号"世祖"，谥号"光武皇帝"，被称为汉世祖光武皇帝。

犒赏完耿弇大军当夜。

项羽：刘秀小儿！刘秀小儿！

刘秀一骨碌爬起来：哪个吃了豹子胆，敢如此称呼朕！

项羽（不屑）：切，我项羽称霸天下那会儿，你还不知道在哪儿呢！叫你"小儿"怎么了？

刘秀（拱手）：原来是项羽前辈，您请坐，请用茶……

项羽（不耐烦）：废话少说！论"有志者事竟成"，耿弇能比得上我项羽吗？巨鹿之战你知道不？

刘秀：前207年，您率领楚军渡过黄河，烧了船，砸了锅，每位士兵只带三天粮食……

项羽（得意地）：哼！什么砸锅烧船？那是破釜沉舟！

刘秀：对对，您破釜沉舟，士兵们见没了退路，士气那叫一个高，连打九场大胜仗，在巨鹿大破秦军。

项羽：唔，知道得还挺多啊！

刘秀：巨鹿之战后，我汉高祖刘邦乘虚入关，最后定下汉家基业……

项羽（大怒）：气煞我也！真是哪壶不开提哪壶，我辛辛苦苦打了一辈子仗，都让刘邦这贼子捡便宜了！

"嗖"的一声，项羽消失了……

榻上，从梦中惊醒的刘秀揉揉眼睛，微笑着自言自语：论起有志者事竟成，您确实比耿弇厉害。不过，您和耿弇，都为我汉家天下做贡献了嘛，呵呵！

穿越小剧场：刘秀梦中会项羽

19

轻诺必寡信

原文

夫轻诺①必寡②信③，多易④必多难⑤。是以⑥圣人犹⑦难之，故⑧终无难矣。

——《老子·德经》

二年级下册

·出处·

《老子》——又叫《道德经》，道家的主要经典，记载了春秋时期老子的思想，被誉为"万经之王"。

· 注释 ·

① 诺：许诺。

② 寡：少。

③ 信：信用。

④ 易：容易；把……看得容易。

⑤ 难：困难。

⑥ 是以：因此。

⑦ 犹：相似，如同。

⑧ 故：所以。

· 译文 ·

　　轻易许下的诺言，必然因缺少信用而难以实现；把事情看得过于容易，做起来必定遭受很多困难。因此，圣人总是把事情设想得比实际情况困难些，所以最终没有什么解决不了的困难。

小古文大典故

这段古文里隐藏着一个成语：

轻诺寡信

轻诺寡信： 诺，诺言；信，信用。意思是轻易许诺的人，一定很少遵守信用。

妙用小古文

是故轻诺似烈而寡信，多易似能而无效。
　　　　——三国·魏·刘劭《人物志·八观》

言不计于反覆，好轻诺而无实者，虚人也。
　　　　——晋·葛洪《抱朴子·行品》

营利者多患，轻诺者寡信。
　　　　——汉·刘向《说苑·谈丛》

穿越小剧场：函谷关前话吃瓜

深夜，函谷关。

"哞——"

老子骑着青牛，悠然出现在函谷关。

尹喜：先生您好狠心，给我留下几千字就出关走了，这一走就是两千多年！

老子：唔，我还是那个我，你还是那个你，牛还是那个牛，这个函谷关，倒不是当年
那个函谷关喽！

尹喜：可不是嘛！因为您，函谷关修了太初宫、藏经楼、鸡鸣台……这一年365天，
来的人老多了，都来瞻仰您，还有您留下的道家文化！

老子：围观？莫非……这就是传说中的吃瓜群众？

尹喜：呃……先生还挺时髦……

老子： 呵呵，提到吃瓜群众，这倒让我想起了春秋时期那位吃瓜国君——

　　周庄王九年（前688年），那会儿可不太平！齐襄公野心忒大，联合宋国、鲁国、陈国和蔡国，一起把人家卫国干掉了！灭都灭了，齐襄公还敢做不敢当，怕周天子讨伐他，派了连称、管至夫两人带兵去葵丘镇守边境。这好好儿在京城当官，威风八面的，转眼就被发到偏远边疆，搁谁身上谁能乐意呀？

　　这不，人家提意见了："大王，我们去倒是没问题，但您得说准了，啥时候让我们回来，我们好有个盼头！"齐襄公这人也有意思，正吃瓜呢，随口就定下了日子："现在是瓜熟的时候，等到明年瓜再熟，你们就回来。"

　　话都说出了，君子言出如山，当国君的还讲究个君无戏言，可齐襄公非要轻诺寡信——

　　转过年来，瓜又熟了，按说该让连称和管至夫回来，可齐襄公偏就不提这事儿！他忘了人家可没忘。两位将军派人送瓜来提醒齐襄公，要求回去，可齐襄公坚决不同意！

　　这下子，连称和管至夫怒了：你不守信用是吧？那别怪我们不仁义啦！正巧，公孙无知想造反，两位将军立即大力支持，杀了齐襄公，拥立公孙无知当了齐国国君。

尹喜： 啧啧，轻易许诺的人，果然不守信用！看来，这瓜多吃几块不碍事，话可不能随便乱说啊！

失信不立

秋，栾盈①自楚适②齐。晏平仲言③于齐侯曰："商任之会，受命④于晋。今纳栾氏，将安用之？小所以事大，信也。失信不立，君其图之。"弗听。

——《左传·襄公二十二年》

二年级下册

·出处·

《左传》——又称《春秋左传》，春秋末期鲁国左丘明为解释《春秋》而作。详细记载了春秋时期的历史人物和事件，是中国现存最早的编年体史书。

·注释·

① 栾盈：春秋时期晋国官员。

② 适：到；去往。

③ 言：对……说。

④ 受命：听从，接纳建议。

·译文·

　　秋天，栾盈从楚国去往齐国。晏子对齐庄公说："商任会见的时候，齐国接受了晋国禁锢栾氏的命令。现在接纳栾氏，准备怎么任用他？小国用来事奉大国的，是信用。失去信用就无以立国，您要考虑一下。"齐庄公不听。

栾盈

> 我曾是条漏网鱼

小古文关键词

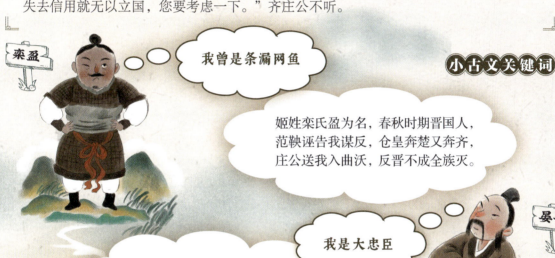

> 姬姓栾氏盈为名，春秋时期晋国人，范鞅诬告我谋反，仓皇奔楚又奔齐，庄公送我入曲沃，反晋不成全族灭。

> 我是大忠臣

晏子

> 姬姓晏氏婴为名，字仲谥平齐国人，巧用二桃杀三士，能言善辩扬国威，辅佐三朝功劳大，世人称我为晏子。

> 我是个作死典型

齐庄公

> 姓姜名光父灵公，乱中即位杀亲弟，收留栾盈谋反晋，打破同盟起战事，私通崔妻东郭姜，死于崔杼宅院中。

这段古文衍生出一个成语：

失信不立

失信不立：失信，不守信用；立，立足。不守信用的人无法在社会上立足。

人而无信，不知其可也。

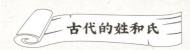
古代的姓和氏

先秦时代，姓代表血脉传承的宗族，氏是由姓衍生出的分支。姓一成不变，氏却可以发生变更。比如，春秋时晋国上卿士会，姓士，因封地在随、范，所以有两个氏，又被称为范会、随会。

春秋战国时期，天下大乱，姓和氏的分界逐渐模糊，到了两汉时期，姓氏已混为一谈，"姓"开始成为姓氏的总称。

周幽王的朋友圈

周幽王
烽火都燃完了，怎么没人来救驾？申侯！犬戎！你们竟然造反！救命啊！救命！

2分钟前

❤申国、西夷犬戎

姬宜臼：父亲？父亲你怎样了？
申侯：大外孙，这么没良心的爹，问他干吗？甭惦记，死了！现在你是周王！
太史伯阳：哎，真是失信不立啊！大王你烽火戏诸侯，信用破产，最后亡国又丧命，可叹啊可叹！

周幽王
褒姒，亲爱的，从今往后，你就是王后，咱儿子伯服就是太子啦！

20分钟前

申后：你个没良心的老东西！
回复：少啰唆！要不是你跑回娘家申国，孤王早把你宰了！

周幽王
烽火台上燃烽火，擂鼓咚咚报战讯；各路诸侯来救驾，急急惶惶空奔忙；褒姒终于笑开怀，这个主意真天才。诸位爱卿，惊不惊喜？意不意外？

30分钟前

周幽王：哼！孤王的爱情，你们永远不懂！

周幽王
褒姒不笑！求助万能的朋友圈！

45分钟前

❤申国、西夷犬戎、鲁国、卫国……

周幽王：有好主意发私信，重赏。

周幽王
后宫来个美人儿叫褒姒，开森……

50分钟前

❤申国、西夷犬戎、鲁国、卫国……

小信成则大信立

原文

小信①成则大信立。故明主积②于信。赏罚③不信，则禁令不行④。

——《韩非子·外储说左上》

·出处·

《韩非子》——战国末期韩国公子、法家代表人物韩非的著作。

·注释·

① 信：信用。
② 积：积累。
③ 赏罚：奖励和惩罚。
④ 行：推行。

·译文·

　　只有遵守小的信用才能确立大的信誉。所以英明的君主会点滴积累自己的信用。一旦奖励和惩罚不能取信于民，那么国家的法规政令就无法推行了。

28

韩非子

我是法家思想代表人之一

姬姓韩氏单名非，战国时期韩国人，身为公子命途舛，师从荀子学有成，为保韩国出使秦，同学李斯将我害，遗有著作《韩非子》。

小古文大寓言

关于遵守小信用，有一个有趣的寓言故事：

曾子杀彘（zhì，指猪）

孔子有个学生叫曾子。有一天，曾子的妻子要去集市，她的儿子哭闹着要一起去。

曾子的妻子哄劝儿子说："你先回家，等我回来就杀猪给你吃。"

曾子的妻子回来后，见曾子正要捉猪宰杀，连忙阻止，说："我只不过跟儿子说了句玩笑话！"

曾子说："对孩子是不能够戏言的！孩子什么都不懂，需要从父母的行为举止中学习，听从父母的教导。现在你欺骗他，就是在教他以后去骗人。母亲欺骗儿子，儿子就不再相信自己的母亲，这不是教育孩子的好方法！"

于是，曾子就把猪杀掉，煮肉给儿子吃了。

这段古文衍生出一个成语：

赏罚不信

赏罚不信：信，信用。奖赏和惩罚不能取信于人。

古代的"公子"

古文小锦囊

先秦时期，"公子"代表一种身份。诸侯的儿子或女儿被称为"公子"或"诸公子"，公子的儿子被称为"公孙"。

春秋战国时很多名人，都是公子出身。

1 韩非子是韩桓惠王的儿子，为韩国公子。

2 魏国信陵君魏无忌，是魏昭王少子。

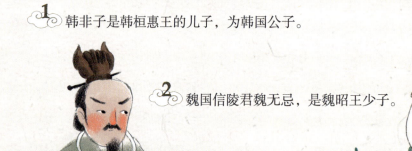

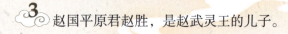

3 赵国平原君赵胜，是赵武灵王的儿子。

穿越小剧场：论说话算数的重要性

韩非子： 说话算数是个难得的好品质！有时候啊，履行承诺表面看起来可能会吃亏，实际却因此建立起好信誉，占大便宜啦！现在，咱们有请四位嘉宾给我们讲讲说话算数的重要性——

齐桓公： 我先来！那是前681年，我打败鲁国，在柯地与鲁庄公会盟。我兴致勃勃地去了，结果却被鲁国那个大力士曹沫挟持，逼我把汶阳之田还给鲁国！性命要紧啊！我只好答应。回到齐国，我越想越生气，本打算反悔呢，幸好管仲劝我，失地事小，失信事大，还是还给鲁国吧！没想到，我忍住这口窝囊气，竟然信誉爆棚，诸侯国纷纷来依附齐国，齐国成了春秋五霸之一！

晋文公： 同为春秋五霸，齐桓公的心情我特理解。攻打原国那次，我和晋国将士们约好就打十天。第十天，原国军队已弹尽粮绝，但说好十天就十天，多一小时也不行——我军鸣金收兵！后来，原国人看我这么讲信用，直接归顺啦！

魏文侯： 我遵守信用的对象不是国家，只是一个小官员。有一次，我和看守山林的官儿约好时间去打猎。结果天降大雨，我冒雨去山林，当面和他取消约定。

秦孝公： 文侯做得对，说话算数这种事要一视同仁，和对象是谁没关系！当年我任用商鞅推进变法，为让老百姓相信，商鞅特意在都城南门立一根大木头，宣布谁能把这根木头搬到北门，就赏赐他五十金。这事儿听起来挺悬乎，百姓们光围观不动手，后来终于有人尝试，当即获得五十金。这样一来，老百姓都知道秦国说话算数，等到新法一推出，实施得不要太顺利，哈哈！

冠必正，纽必结

·原文·

冠必正[1]，纽必结，袜与履，俱紧切。置冠服，有定位，勿乱顿，致污秽[2]。

唯德学，唯才艺，不如人，当自砺[3]。若衣服，若饮食，不如人，勿生戚[4]。

——《弟子规》

二年级下册

·出处·

《弟子规》——又名《训蒙文》，清初学者李毓秀编写的教导学童生活、学习规范的三言韵文。

·注释·

① 冠（guān）：礼帽。
② 污秽（huì）：脏东西。
③ 自砺：自我磨炼。砺，磨刀石。
④ 戚：忧愁。

·译文·

冠帽需戴正，纽带（纽扣）要系好，袜子与鞋子都要穿得平整，鞋带要系紧。
放置帽子和衣服，各有位置摆整齐，到处乱放要不得，以免灰尘脏污帽衣。

每个人都应当重视品德与学识、才能和技艺，当不如别人时，应当勤磨砺。
不必在意衣装与服饰、饮品与食物，当不如别人时，不要生忧虑。

小古文关键词

我是《弟子规》的作者

姓李双名为毓（yù）秀，子潜为字号采三。创办学堂敦复斋，听讲之人络绎来。编写童蒙《弟子规》，传世影响远且深。时人称我李夫子，寿过杖朝高龄终。

李毓秀

形容注重提升德学和才艺的人有一个成语：

德才兼备

德才兼备：同时具备优秀的品德和才能。

不同年龄有雅称

古文小锦囊

李毓秀"寿过杖朝"，即年龄超过八十岁。在古代，提年龄不说数字，而是有特定称呼——

婴儿不满周岁：襁褓——用小被子包着。

婴儿一岁：牙牙——说话咿咿呀呀含糊不清。

女孩七岁：髫（tiáo）年——头发自然垂下，没扎起来。

男孩七岁：韶（sháo）年。

孩童不满十岁：黄口——幼鸟嘴喙（huì）嫩又黄，代指孩童。

女孩十二岁：金钗（chāi）之年——女子十二要戴钗。

女孩十三四岁：豆蔻（kòu）之年——出自杜牧"娉娉袅袅十三余，豆蔻梢头二月初"。

女孩十五岁：及笄（jī）之年——把头发用笄簪（zān）起，表示已成年。

女孩十六岁：碧玉年华。

女孩二十岁：桃李之年。

女孩二十四岁：花信年华——花开时节。

男孩十三至十五岁：舞勺之年——男孩开始学习乐舞中的勺舞。

男孩十五至二十岁：舞象之年——男孩开始学习武舞中的象舞及射御。

男孩二十岁：弱冠——戴上帽子行冠礼，表示已成年。

三十岁：而立之年——该学有所用事业小成了。

四十岁：不惑之年——遇到事儿能判明对错了。

五十岁：知命之年——能知晓命运咋回事了。

六十岁：花甲之年——天干地支纪年法中，以六十年为一花甲（甲子）。

耳顺之年——听到言语就能判明对错。

七十岁：古稀之年——古代人活到七十的有点儿少。

八十岁：杖朝之年——这个年龄允许拄拐杖去上朝。

八九十岁：耄耋（màodié）之年。

一百岁：期颐（qīyí）之寿，也称乐期颐、人瑞。

穿越小剧场：德与财辩论会

德方：孔子、颜回
财方：石崇、王恺

孔子

孔子：德学才艺需时时完善。三人行，必有我师，每个人身上都有值得学习的地方。

颜回：德学才艺远胜锦衣玉食。只要潜心向学，一竹筐饭，一瓢水，照样很快乐。

石崇

石崇：财富是王道！瞧我，蜡烛当柴烧，银子花不完！

王恺：有钱确实好！我拿外甥晋武帝赐的珊瑚树与石崇斗富，结果石崇完胜。气死我了！

孔子：石崇先生您因豪富遭人忌恨，死于非命；王恺先生您获谥号"丑公"。德学才艺可以流传千古，财富能吗？

颜回：石崇先生您文化高，王恺先生您会处事，可您二位只顾斗富不思进取。有你们这样的官员，怪不得西晋朝廷贪污成风，延续51年就灭亡了。

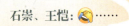

颜回

石崇、王恺：😭……

王恺

司马光砸缸

原文

群儿戏于庭，一儿登^①瓮^②，足跌^③没^④水中。众皆^⑤弃^⑥去，光持石击瓮破^⑦之，水迸^⑧，儿得活^⑨。

——《宋史·司马光传》

36

· **出处** ·

《**宋史**》——由元朝丞相脱脱等编纂的宋朝正史。

· **注释** ·

① 登：爬到；爬上。
② 瓮：口小肚大的陶器。
③ 跌：跌倒；踏空。
④ 没：淹没。
⑤ 皆：都。
⑥ 弃：放弃；抛弃。
⑦ 破：把……打破。
⑧ 迸：涌出。
⑨ 活：活命。

· **译文** ·

一群小孩子在庭院中嬉戏，一个孩子爬上水缸，一脚踩空掉进水缸里，淹没至顶。孩子们都抛下他逃走了。时年七岁的司马光拿起石头击打水缸，将其打破，水喷涌而出，掉进缸里的孩子得以活命。

小古文关键词

我就是那个砸缸的聪明小孩

复姓司马单名光，迂叟为号字君实，北宋陕州夏县人。幼时聪慧早登科，四朝元老资历深，主持编纂《资治通鉴》。逝后得谥曰文正，追封太师温国公。

司马光

关于司马光，还有个诚信卖马的故事：

司马光卖马

司马光家有匹马要出售。这匹马高大健壮、性情温驯，可一到夏季就会犯肺病。

司马光对管家说："咱的马有肺病，一定要告诉买马的人。"

管家不乐意了："哪有您这样的，人家压根儿看不出来的毛病，您偏偏主动去说！"

司马光严肃地反驳："一匹马价格高低是小事儿，欺瞒别人、坏了诚信的名声才是大事。一旦失去诚信，损失是不可估量的。"

管家听后，惭愧极了。

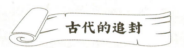

古代的追封

文史小锦囊

追封，即死后追加的封号。岳飞枉死，宋宁宗追封他为"鄂王"；诸葛亮逝世后，被追封为"忠武侯"；曹操至死没当皇帝，他儿子曹丕即位后，追封他为"魏武帝"。

六一儿童节。快餐店角落里的圆桌上围坐着五位小朋友，他们坐姿笔直，表情严肃，你看看我，我看看你……

司马光：这……这是哪里？我老人家怎么成了小娃娃？你……你们又是谁？

孔融：温国公（司马光死后追封温国公）莫慌，我是孔融。据我观察，咱们这帮老家伙都来到 21 世纪，正在过六一儿童节呢！

曹冲：我是曹冲，一把年纪过儿童节？脸红哟！

王雱：司马伯伯，我是王雱（pāng），家父乃王安石。

文彦博：慌啥？谁还不是个宝宝！既来之则安之嘛。对了，我是文彦博。

孔融：说起宝宝，温国公当年可不一般。七岁就知道砸缸救小伙伴！

司马光：不不，比起孔老，我可差远喽！您四岁就知道把大梨让给哥哥姐姐，真是早熟……啊不，早慧。

穿越小剧场：青老宝宝六一聚会

曹冲：咋不提我呢？我六岁时，孙权给我爹曹操送来一头大象。大人都发愁怎么给这大家伙称体重，我灵机一动，提出把大象放在船上，标出船只下沉的水位，再牵走大象，放上石头。等到船只下沉到标注的地方，就说明石头和大象一般重，然后只称量石头就好啦！

司马光：曹公确实聪慧过人，不过文彦博也不差。他小时候，小伙伴不小心把球掉进树洞，谁也够不到。文彦博提议向树洞里灌水，很快球就浮上来啦！

文彦博：小事情啦！难为温国公还记得。论起机变要数王雱！记得那年他才五岁，他爹的朋友让他分辨笼子里的獐和鹿。王雱立马说："站在獐旁边是鹿，站在鹿旁边是獐。"瞧，这小子多机灵！

王雱：好汉不提当年勇！各位，既然变成宝宝来到21世纪，不如尽情享用美食？

司马光：贤侄说得对。哟，这黑不溜秋的玩意儿还挺好喝！

曹冲：那叫可乐！蛋壳子里盛的白雪也不错！

孔融：那是冰激凌！来来来，薯条趁热吃。

司马光、文彦博、曹冲、孔融、王雱：唔唔，好吃，好吃……

39

爱人若爱其身

· 原文 ·

　　若使天下兼①相爱，爱②人若爱其身，犹③有不孝者乎？视父兄与君若其身，恶④施不孝？犹有不慈者乎？视弟子与臣若其身，恶施不慈？故不孝不慈亡⑤有。……若使天下兼相爱，国与国不相攻，家与家不相乱，盗贼亡有，君臣父子皆能孝慈，若此⑥，则天下治⑦。

——《墨子·兼爱》

三年级上册

· 出处 ·

《墨子》——由墨子的弟子整理而成的著作，记载了墨子的科学、哲学、军事等思想。

· 注释 ·

①兼：都。
②爱：爱护。
③犹：还。
④恶（wū）：何；还能。
⑤亡：通"无"，没有。
⑥此：代指兼爱的理想境界。
⑦治：治理；形容治理得井井有条的样子。

·译文·

　　如果天下人都能互相体谅、相亲相爱，爱别人就像爱自己，还会有不孝顺的现象吗？对待父亲、兄弟和君王像对待自己一样，怎么会做出不孝顺的事呢？还会有不慈爱的吗？对待弟弟、儿子和臣子像对待自己一样，怎么会做出不慈爱的事呢？因此不孝不慈的现象都没有了。……如果天下人都能互相体谅、相亲相爱，国家与国家就不会相互攻伐，家族与家族就不会相互争斗，盗贼没有了，君王、臣子、父亲、儿子之间都能孝顺慈爱，像这样，天下就太平了。

墨子

我是墨家学派的创始人

小古文关键词

姓墨名翟宋国人，家族没落为平民，
师从儒学有疑惑，创立墨学广收徒，
反对攻伐倡兼爱，世人尊称为墨子。

小古文大典故

这段古文衍生出一个成语：

兼爱无私

兼爱无私： 兼，都，广泛；私，私心。
泛爱大众，对人没有私心。

41

墨家钜子

墨子的学生以及学生的学生，组成一个有着严密纪律的团体，称为墨者。墨者首领被称为钜子，也叫巨子。所有墨者都服从巨子的指挥。墨者纪律严明，以吃苦、守信为荣耀，重义气轻性命。

战国时期，墨家巨子腹䵍（tūn）长住秦国。他的儿子杀人了，按律应当偿命。秦惠王想赦免其子，腹䵍却坚持贯彻墨家"杀人者死"的原则，将儿子绳之以法。

小古文大拓展

几千年过去了，都有谁做到爱别人像爱自己一样？建个群交流交流！😊😊😊

墨子

墨子邀请"吴起"加入了群聊

吴起

我做主将的时候，和低阶士兵穿一样的衣服，吃一样的食物，行军时和士兵一起背干粮。有一次，一个士兵长了毒疮，我还亲自替他吸吮脓液呢！

怪不得吴将军带的军队战斗力超强，不愧是与孙子齐名的军事家吴子啊！

墨子

吴起邀请"裴侠"加入了群聊

裴侠

当上河北郡守才知道，郡守家佣仆标配有捕鱼打猎的人三十名、壮年男子三十名。咱一想，咋能为了自己吃饱穿暖去支使老百姓呢？还是让他们各回各家吧！

在南北朝乱世，裴公的做法太难得了！当得起老百姓"裴公贞惠"的评价！

墨子

裴侠邀请"卓茂"加入了群聊

卓茂

有一次我出门，一位老百姓非说我骑的马是他丢失的马。老百姓丢匹马多着急呀！我就没和他争辩，让他把马牵走了。后来他找到自己的马了，把我的马送回来道歉，我也没怪罪他，多大点儿事！

身为丞相府史，却不仗势欺人，对百姓心情感同身受，是个好官儿！

墨子

"晋惠帝"通过墨子分享的邀请码加入了群聊

晋惠帝

有一年晋国灾荒，听说有百姓因没粮食吃而饿死，朕对侍从说："他们为什么不吃肉粥呢？"看，朕多爱护百姓！

你！你分明是昏庸不作为，不知民间疾苦！西晋亡在你手里，不冤！

墨子

墨子将"晋惠帝"移出了群聊

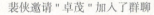

不迁怒，不贰过

原文

回年二十九，发尽白，蚤①死。孔子哭之恸②，曰："自③吾有回，门人益④亲。"鲁哀公问："弟子孰⑤为好学？"孔子对曰："有颜回者好学，不迁⑥怒，不贰⑦过⑧。不幸短命死矣，今⑨也则亡⑩。"

——《史记·仲尼弟子列传》

出处

《史记》——是西汉史学家司马迁著作的一部纪传体通史，记载了从黄帝到汉武帝太初四年（前101年）共3000多年的历史。被鲁迅誉为"史家之绝唱，无韵之《离骚》"。

注释

① 蚤：通"早"。
② 恸（tòng）：极度哀伤。
③ 自：自从。
④ 益：更加。
⑤ 孰：谁。
⑥ 迁：转移。
⑦ 贰：再次；重复。
⑧ 过：过错。
⑨ 今：现在。
⑩ 亡：通"无"，没有。

颜回二十九岁的时候，头发全部变白，早早去世了。孔子哭得非常哀痛，说："自从我收下颜回当学生，学生们更加亲近我了。"鲁哀公问孔子："你的学生中谁最好学呢？"孔子回答说："有个叫颜回的学生最好学，他不把怒气转移到别人头上，不重复犯同样的错误。他不幸命短死去。"

小古文关键词

> 我是孔子最喜欢的学生

颜回

> 姓颜名回字子渊，春秋末期鲁国人。十三拜入孔门中，亲身侍师体悟深，位列孔门七十二贤，亦是儒家五圣人，世人称我为颜子。

> 我是错过孔子的人

鲁哀公

> 姓姬名将谥号"哀"，春秋末期鲁国君。孔子晚年归鲁国，请教良多却不用。识人之明我没有，田饶走后才后悔。攻打三桓被败逃，复归不久终于卒。

这段古文衍生出一个成语：

行不贰过

行不贰过： 行，行动，作为；贰，重复。指犯过的错误不再重犯。

避尊者讳

古文小锦囊

孔子编纂《春秋》时，提出"为尊者讳，为亲者讳，为贤者讳"的做法，后来发展成儒家文化的一种礼节。指的是为表示对地位尊崇的人、家中长辈、贤德之人的尊敬，人们在说话、取名字时，要避开他们的名、字及号。

看看下面两个"避尊者讳"的例子吧。

1 《红楼梦》里林黛玉。

林黛玉的母亲叫"贾敏"，林黛玉写"敏"字时都会增减笔画。

2 雍正即位，兄弟改名。

康熙皇帝在位时，儿子们都以"胤"命名，比如太子爱新觉罗·胤礽，四阿哥爱新觉罗·胤禛，八阿哥爱新觉罗·胤禩等。等雍正当皇帝后，除了他自己还叫"胤禛"，哥哥弟弟全部把名字中的"胤"字改成"允"，变成了爱新觉罗·允礽、爱新觉罗·允禩……

关于迁怒的随想

孔子

颜回呀，像你一样做到不把怒气迁移到别人身上，难哪！

颜回

老师您说得对，怒火就像魔鬼，控制不住的话，会伤害到别人和自己呢！

你们师生二人说得倒轻巧！事儿放你们身上试试？我闺女同昌公主生病去世了，我又生气又伤心，让我饶过翰林医官韩宗劭那帮人？门儿也没有！该杀的杀，该贬的贬，该坐牢的坐牢！唉，处置了三百多人，也不能平息我的怒火！

唐懿宗

孔子

身为一国之君，却随意迁怒别人，这不是明君的做法啊！

颜回

所以后来《新唐书》说他"以昏庸相继"啊！

唉，子孙后代不争气，让您二位见笑啦！不迁怒这一点，我觉得我做得挺好。郭子仪他儿子郭暧把我闺女升平公主打了，我又疼又生气。郭子仪把他那臭小子绑来让我处置，我压着火气，笑呵呵地告诉他："不痴不聋，不做家翁。小两口打架，没事儿！"这以后，郭家对我大唐别提有多忠心啦！

唐代宗

孔子

得天下容易，得人心难。忍一时之怒，换良将忠心，值了！

颜回

老师说得对，点赞！

47

仁者爱人，有礼者敬人

原文

孟子曰："君子[1]所以异[2]于人者，以其存心也。君子以仁[3]存心，以礼[4]存心。仁者爱人，有礼者敬人。爱人者，人恒爱之；敬人者，人恒敬之。"

——《孟子·离娄下》

三年级上册

·出处·

《孟子》——由孟子和他的学生编写，记载了孟子的言行及思想。

·注释·

① 君子：指品行高贵的人。
② 异：不同；差别。
③ 仁：仁爱，仁慈与友爱。
④ 礼：礼义，礼貌与道义。

·译文·

　　孟子说，君子之所以与常人不同，是因为他内心所存的念头不同。君子心里存有仁爱，存有礼义。有仁爱的人爱护他人，讲礼义的人尊敬他人。爱护他人的人，人们也常常爱戴他；尊敬他人的人，人们也常常尊重他。

我是"孔孟"的那个"孟"

小古文关键词

姓孟名轲，字子舆，战国时期邹国人，研习孔学一脉承，通晓五经主仁义，游说多国无所用，回归邹国著《孟子》，孔子至圣我亚圣，世人称我为孟子。

孟子

小古文大典故

这段古文衍生出一个成语：

仁者爱人

仁者爱人：仁者，心怀仁慈的人；爱，爱护。心怀仁慈的人懂得爱护别人。

孔孟

孔子与孟子的合称，二人都是中国儒家代表人物。后世称孔子为至圣，称孟子为亚圣。

仁之法在爱人，不在爱我。

——汉·董仲舒《春秋繁露》

夫仁者爱人，施之君谓之忠，施于亲谓之孝。

——《资治通鉴·魏纪》

评委

孟子、公孙丑（孟子学生）

参赛选手

选手1：董奉（三国时期吴国名医）
选手2：郗鉴（晋朝官员）
选手3：柳宗元（唐朝著名文学家）
选手4：苏轼（宋朝著名文学家）
选手5：董笃行（清朝官员）

孟子　　　公孙丑

选拔规则：

五晋四淘汰制。评委打分，满分十分。

董奉：我给人看病不要钱，病人痊愈后，在附近栽几棵杏树就行。几年后，杏树足足有十万多棵。后来，有人用"杏林春暖"形容我医术高超。

孟子：唔，医者仁心，不错。十分。

公孙丑：怪不得都用"杏林"代表中医学呢。十分。

郗鉴：有一年闹饥荒，我带侄子郗迈和外甥周翼到乡下住，乡亲们轮流管饭。可乡亲们也穷啊！我自己吃还凑合，加上俩孩子就管不起了。我就把食物含在嘴里，回来吐给俩孩子……就这样，俺爷仨勉强没饿死。

孟子：郗公含哺，兼顾侄甥，可敬！十分。

公孙丑：郗公去世，周翼辞官守孝三年，这外甥没白疼。十分。

柳宗元：我在广西柳州当官时，带领老百姓挖井开荒、植树造林，帮助他们过上了好日子。

孟子： 父母官爱民如子，很好。十分。

公孙丑： 柳公善行，履职尽责。九分。

苏轼： 我用所有存款买下一所房子，还没来得及去住，听说这房子是一位老太太的祖屋，被不孝儿孙卖掉了。得，看老人家哭得伤心，我就把房子还给了她，一分钱也没要。

孟子： 损己利人，难得！十分。

公孙丑： 十分。听说那年七月，苏学士在租住的房子里去世了。

董笃行： 我收到家书，说家人为盖房子占地多少和邻居吵了起来。嘿，乡里乡亲的，让让人家呗！我当即回信：

千里捎书只为墙，不禁使我笑断肠；你仁我义结近邻，让出三尺又何妨。

孟子： 遇事先让人，点赞。十分。

公孙丑： 董家让出三尺，邻居一感动，也让出三尺，形成六尺"仁义胡同"。十分。

孟子： 我宣布，选手3以一分之差淘汰。

柳宗元： 无异议！父母官爱子民，是应尽的义务嘛。

公孙丑： 欢迎柳公参加下一轮复活赛……

郗鉴

董奉

柳宗元

苏轼

董笃行

与人善言，暖于布帛；
伤人以言，深于矛戟

原文

　　憍①泄②者，人之殃也；恭③俭④者，偋⑤五兵⑥也。虽有戈矛之刺，不如恭俭之利也。故与人善言，暖于布帛⑦；伤人以言，深于矛戟⑧。

——《荀子·荣辱》

三年级上册

· 出处 ·

《荀子》——一部由荀子及其弟子所总结记录的著作，记叙了思想家荀况的政治、伦理及经济思想。

· 注释 ·

① 憍（jiāo）：同"骄"，骄傲；骄矜。
② 泄：同"媟"（xiè），轻慢，亵渎（xièdú）。
③ 恭：恭敬的样子。
④ 俭：谦逊的样子。

52

⑤ 偋（bǐng）：同"屏"，除去。
⑥ 五兵：古代的五种兵器。
⑦ 布帛：指棉织品或丝织品及其所制衣物。
⑧ 矛戟：戈、矛结合，具有勾、刺双重功能的古代兵器。

·译文·

　　骄傲与轻慢，是人的祸害；恭敬谦逊，可以避免各种兵器的残害。即便有戈矛的尖刺，也不如恭敬谦逊锋利。因此，用善言对人，会使对方觉得比送衣服给他穿还要温暖；用恶语伤人，会使对方觉得比用矛戟刺伤他还要深。

小古文关键词

我们是五种兵器

古代战场兵种多，车兵步兵与骑兵。五兵泛指五兵器，车兵步兵各不同。车兵有"戈、殳、戟、酋矛、夷矛"，插在车舆供取用。步兵有"戈、殳、戟、酋矛、弓矢"，或为"矛、戟、弓、剑，戈"。

小古文大典故

这段古文衍生出一句俗语：

善言暖于布帛

善言暖于布帛：善意的言语会让人感觉比衣服还温暖。形容有益的语言能够给人带来鼓舞和安慰。

53

古今字

古今字是使用年代不同但含义相同的两个字，使用年代较早的字被称为古字，使用年代较晚的字被称为今字。《荀子》那段话中，"憍泄者"的"憍"，含义与"骄"相同，"憍"为古字，"骄"为今字。

古今字与通假字的区别

　　古今字中，古字与今字不同时出现；通假字中，通假字与被通假字同时出现。

穿越小剧场：《三国演义》书友会

罗贯中：欢迎新成员加入《三国演义》书友会。咦，荀老，是您？

荀子：呵呵，真是长江后浪推前浪，这本小说写得太棒啦！点赞！

罗贯中：荀老爱看就好！

张飞：荀老说说感想呗。是不是觉得俺家军师超级厉害？

荀子：唔，我印象最深的是那段诸葛亮三气周公瑾……

张飞：哈哈哈，这件事办得别提有多痛快啦！俺大哥刘备刘皇叔的老婆去世了，周瑜这小子竟然出个歪主意，让俺大哥去东吴和孙权的妹妹孙尚香成亲！其实呀，成亲是假，东吴这帮人是要把俺大哥扣住，让俺们用荆州换大哥！

孙尚香：唉，说起这件事儿，就是我哥哥和周将军的不对了，怎么能拿人家的婚姻大事当儿戏呢？幸好我母亲孙老夫人帮忙，我和皇叔才能喜结良缘。

张飞：嫂嫂说得对，他们这事办得忒不地道！这不，俺家军师施展妙计，让俺大哥带着嫂嫂顺利离开东吴，又提前埋伏军队，把周瑜带领的追击队打得落花流水！痛快，哈哈，痛快！

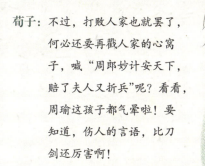

荀子：不过，打败人家也就罢了，何必还要再戳人家的心窝子，喊"周郎妙计安天下，赔了夫人又折兵"呢？看看，周瑜这孩子都气晕啦！要知道，伤人的言语，比刀剑还厉害啊！

张飞：这……

罗贯中：哈哈！荀老不必担心，这段情节是虚构的！写小说嘛，总要有点儿夸张情节去吸引眼球。实际上，正史记载的周瑜为人宽厚，气量恢宏，是位相当优秀的小伙子呢！

《三国演义》书友会

荀子

罗贯中

张飞

孙尚香

守株待兔

原文·

宋人有耕者①。田中有株②，兔走触③株，折颈而死。因④释⑤其耒⑥而守株，冀⑦复得兔。兔不可复得，而身为宋国笑。今欲⑧以先王之政⑨，治当世之民，皆守株之类⑩也。

——《韩非子·五蠹（dù）》

三年级下册

·出处·

《韩非子》——战国时期法家韩非的著作。

·注释·

① 耕者：农夫。
② 株：树桩。
③ 触：碰到，撞到。
④ 因：于是，就。
⑤ 释：放下。
⑥ 耒（lěi）：一种农具；古代犁田所用的犁，上面有木头把手。
⑦ 冀：希望。
⑧ 欲：想要。
⑨ 政：治国方略。
⑩ 类：与……一类。

·译文·

宋国有一个农民。他的田地里有一截树桩，一天，一只兔子跑过来撞到树桩上，当场撞断脖子死掉了。于是，这个农民放下耕田的农具守在树桩旁边，希望能再得到一只兔子。兔子不可能再得到，而他自己也被宋国人耻笑。如今，想要用过去君王的治国方略，来管理现在的百姓，这都是犯了守株待兔一样的错误呀。

"守株之类"就是我

姬姓韩氏单名然，战国时期韩国君。
治国未能任贤能，韩非建言多不用。
强秦攻势无可挡，欲割上党给秦国。
上党归赵不降秦，长平一战终属秦。
此后国势日益衰，逝后不久韩国灭。

韩桓惠王

小古文大典故

这段古文衍生出一个成语：

守株待兔

守株待兔： 株，树桩；待，等待。比喻不经过努力就妄想得到收获，也指固守过去的经验不知变通。

有趣的象形字

文史小锦囊

　　象形文字是一种原始的造字方法，字的外形由图画文字演变而来，有着指向明确的象征意义。守株待兔故事中"折颈而死"的"颈"字，部首"页"即是象形字，代表头部，组成的字大多与头部、面部相关，比如颈、颌（hé）、颊等。

　　看看右边这些图形，能看出它们代表什么汉字吗？

山　　　　鱼

日　　　　月

页　　　　耳

田　　　　口

宋国人靠着树桩等啊等，兔子没等来，却等来一堆嘲笑，田地也日益荒芜。他灵机一动，干脆在田地里建起一座待兔酒店，招待走过路过以及慕名来参观守株待兔景点的游客……

撞死兔子的树桩旁竖着宣传牌：

你有故事我有兔子

——讲自身守株待兔事例，可获赠特色烤全兔一只。

宋人：客官，您二位里面请，酒菜随便点，想吃兔子——拿故事来换！

宋襄公（一脸疲惫）：唔，那我讲个故事。记得那是前638年，我宋国在泓水（今河南境内）北岸列好阵势，准备与楚国军队开战。眼看南岸的楚国军队开始渡河，我家大司马公孙固非要趁他们走到河中间时出击。这哪儿行？乘人之危，不符合仁义的标准啊！楚军过了河，正列阵呢，公孙固又劝我进攻。这也不行啊，人家还没准备好，我们就开打，多不君子呀！

公孙固（咬牙切齿）：大王，楚军本来就比咱人多，您又要树仁义，又要做君子，结果呢？咱被人家打了个落花流水，您还身受重伤！打仗讲究随机应变，您倒好，硬搬仁义教条，固守经验不知变通，和酒店老板守株待兔的行为有啥区别？

宋人（满脸尴尬）：二位客官，过去的事儿咱就甭提啦！您二位略让一让，新鲜热辣的烤全兔来喽——

59

图书在版编目（CIP）数据

课本里的小古文 / 杨宏丽主编. ——济南：山东友谊出版社，2021.4

ISBN 978-7-5516-2315-5

Ⅰ.①课… Ⅱ.①杨… Ⅲ.①文言文－小学－教学参考资料
Ⅳ.①G624.203

中国版本图书馆CIP数据核字（2021）第060775号

课本里的小古文

KEBEN LI DE XIAO GUWEN

策划编辑：王 震

责任编辑：肖 静　肖 杉

———————————————————————————————————————

主管单位：山东出版传媒股份有限公司

出版发行：山东友谊出版社

地址：济南市英雄山路189号　邮政编码：250002

电话：出版管理部（0531）82098756

市场营销部（0531）82098035（传真）

网址：www.sdyouyi.com.cn

印　　刷：鹤山雅图仕印刷有限公司

———————————————————————————————————————

开本：778mm×491mm　1/12

印张：20　　　　　　　　字数：300千字

版次：2021年4月第1版　　印次：2021年4月第1次印刷

定价：210.00元（全4册）

第二册

课本里的

小古文

杨宏丽　主编

山东友谊出版社·济南

序 >>>

　　书声琅琅，开卷有益；文以载道，继往开来。迄今为止，汉字是世界上使用时间最长的文字。更让我们骄傲的，是自汉字诞生以来，先贤们用妙笔写就的美文。

　　文言文中的名篇，或议论，或叙事，或抒情，语言优美、韵律工整、音调和谐，且包含了古人的生活、情感、精神、智慧、哲学内涵，折射出历代的社会制度、文化意蕴、宗教礼俗、意识形态等特征，是一笔非常宝贵的文化遗产。这些美文经历了时间的考验，至今读来，依然让人唇角含香，余味无穷。爱上小古文，无关功利，意在文化。诵读小古文，意义不仅仅在于让孩子们切身感受到汉语严密的逻辑性、生动的形象性和灵动有味的抒情性，更在于在孩子们心中打下受用一生的中国优秀传统文化的底子，引发他们对祖国语言和历史文化的自觉接受。

　　我们编写的这套《课本里的小古文》，力求通过生动活泼的形式，让孩子们在轻松愉悦的学习过程里体会古文名篇里积淀的文字美，韵律美，哲思美，意境美……

　　来吧，孩子们，让我们一起大声读起来。

杨宏丽

目录

诚者，天之道也；
思诚者，人之道也

原文·

孟子曰："是故诚者①，天之道也；思②诚者，人之道也。至诚而不动③者，未之有也；不诚，未有能动者也。"

——《孟子·离娄上》

三年级下册

· 出处·

《孟子》——由孟子和他的学生编写，记载了孟子的言行及思想。

· 注释·

① 者：……的人。
② 思：追求；追寻。
③ 动：打动，感动，动容。

· 译文·

孟子说："因此，真诚是顺应天理的准则；追求真诚，是做人的准则。极度真诚却不能打动别人，从来没有过；不真诚对人，从来不能打动别人。"

我是孟子的学生

小古文关键词

复姓公孙单名丑，战国时期齐国人。师从孟子习儒学，与师一起编《孟子》，《公孙丑》篇多名言。死后追封寿光伯。

公孙丑

4

这段古文讲述了以诚待人的道理，由此可衍生出一个成语：

赤诚相待

赤诚相待：赤诚，非常真诚；极为真诚地对待别人。

5

古代的"伯"

伯，古代爵位的一种。《礼记》中，将爵位分为公爵、侯爵、伯爵、子爵、男爵五等，伯爵为第三等爵位。宋徽宗曾追封公孙丑为"寿光伯"，追封周瑜为"平虏伯"。

诚以待人辩论赛

穿越小剧场：诚以待人辩论赛

评委：
孟子、公孙丑

正方选手：
苏轼、秦观、范仲淹、王质（北宋官员）

反方选手：
晋惠公、晋大夫里克、吕布、董卓

苏轼

秦观

正方观点：诚以待人不可少。

苏轼：我陷入乌台（御史台的别称）诗案那次，政敌们铆足了劲儿抹黑我，非说我写诗讽刺朝政和大臣。眼瞅着皇帝在犹豫杀不杀我，身边好多人躲得远远的。这时，秦观竟然给自己写好挽词，表明豁出性命也要支持我！

秦观：我与苏学士坦诚以对，肝胆相照，人生得一知己足矣！

范仲淹：我因主张改革惹怒了皇帝，被贬出京。我们那年代，犯个错就流株连九族，敢凑我边儿的人几乎没有。我离开京城那天，王质拖着病体前来送我，感动……

王质：范大人赤诚对朝廷，赤诚对百姓，我当然回报以赤诚之心！

范仲淹

晋惠公

反方观点：诚以待人无用处。

董卓：我认吕布小贼当义子，他竟然联合王允那老家伙，对我痛下杀手！

吕布：我反叛董卓投袁术，反叛袁术投袁绍，反叛袁绍想投曹操呢，可恨曹阿瞒听信刘备这大耳贼的挑拨，竟然把我杀了！什么诚以待人，都是骗鬼的！

晋惠公：确实，秦穆公帮我回到晋国，里克帮我登上王位。可是，我要诚以待人，就必须把晋国土地割让给秦国，还要留着里克这家伙，时刻担心他会不会宰了我另立新君。

里克：我赞同正方观点。

王质

里克

晋惠公：里克！你竟敢临阵投敌！

里克：大王，董卓残暴奸诈，吕布反复无常，您自己忘恩负义，最后都落入众叛亲离的境地。您三位回首往昔，还好意思说诚以待人无用吗？

晋惠公：……

吕布：……

董卓：……

公孙丑：我宣布，正方胜！

孟子：实践证明，无论古今，诚以待人才是立身之道啊！

吕布

董卓

好问则裕，自用则小

原文

予闻曰："能自得师者王^①，谓人莫己若者亡^②。好问则裕，自用^③则小^④。"

——《尚书·商书》

·出处·

《尚书》——是中国上古历史文件和部分记录古代事迹著作的汇编。

·注释·

① 王：称王，也指取得成功。
② 亡：灭亡，也指失败。
③ 自用：刚愎；自以为是。
④ 小：少；狭隘。

·译文·

我听说："能够自己求得老师的人，就可以称王；认为别人都不如自己的人，就会灭亡。谦虚好问，所得就多；刚愎自用，所得就少。"

8

仲虺

我是说这段话的人

出生之时雷虺虺（huǐ），由此得名为仲虺，
夏朝时期薛国人，也叫莱朱与中礨（léi）。
辅佐商汤灭夏桀，商朝建后任左相。

我是文中那位"王"

商汤

姓子名履又称汤，夏朝时期商国君。
伊尹仲虺来辅佐，鸣条之战逐夏桀。
三千诸侯齐推举，建立商朝做天子。
世人称我为商汤，庙号太祖曰武王。

小古文大典故

这段古文衍生出一个成语：

好问则裕

好问则裕：裕，宽裕。经常向别人请教，学识就会渊博精深。

9

九族

在古代，九族是指本身以上的父亲、祖父、曾祖、高祖和以下的子、孙、曾孙、玄孙。旧时立宗法、定丧服皆以此为准。也有一说是九族包括父族四、母族三、妻族二。父族四，即当事人自己一族，出嫁的姑母与姑母的子女，出嫁的姐妹与姐妹的子女，出嫁的女儿与女儿的子女；母族三，即当事人外祖父全家，外祖母娘家，出嫁的姨妈与姨妈的子女；妻族二，即当事人妻子父亲的全家，妻子母亲的娘家。

商汤：败家子！我好不容易打下的基业，统统毁在你手里！

商纣王：姬发（周武王）犯上作乱，怎能怪我？

商汤：你还嘴硬！走，去游学！

商纣王（白眼）：喊！你是祖宗，你说了算！

唐朝，村居大树下。

白居易：老人家，小朋友，我刚才念的诗，你们能听懂吗？

老妇人：都是大白话，挺好。

牧童：一听就明白！

商纣王：奇了怪了，村妇和小孩儿不识字，你问他们干吗？

白居易：艺术来源于生活，老百姓都是我的老师。

商纣王：喊！不懂！

明朝，深山中。

樵夫：先生，您要的穿山甲。

李时珍：多谢老师。

商纣王：喂，你为啥叫砍柴的"老师"？

李时珍：我拜老百姓为师，可以学到书上没有的知识。

李时珍一边说，一边将穿山甲的胃部剖开，看到胃袋里还没消化的大量蚂蚁，高兴得叫起来："没错，穿山甲确实吃蚂蚁！"

商纣王：看这老头的认真劲儿，我忍不住想起王叔比干。

商汤：比干以死谏言，你却当耳旁风，唉！

春秋时期，鲁国太庙。

孔子：盘子摆在这儿有啥讲究？

　　　　这件古物放在太庙有特殊意义吗？

　　　　为什么祭祀仪式上要用这段音乐？

……

商纣王：不会吧？这就是后人尊为"圣人"的孔子？他咋问这问那，跟个白痴似的！

商汤：你才是白痴！问得多了，自然懂得就多，要不怎么说人家是儒家至圣呢！

商纣王（突然大哭）：祖宗，我知道为啥亡国了！我造酷刑，杀忠臣，谁的话都不听，想干啥干啥，干的还

　　　　　　　　　　都不是人干的事……

商汤：这趟游学没白来！

11

博学之，审问之，
慎思之，明辨之，笃行之

原文·

博①学之，审②问之，慎③思之，明辨之，笃④行之。……人一能之，己百之；人十能之，己千之。果能此道⑤矣，虽愚必明，虽柔必强。

——《礼记·中庸》

· 出处 ·

《礼记》——秦汉以前儒家学者解释经书《仪礼》的文章选集，传世有《大戴礼记》与《小戴礼记》。我们现称的《礼记》，一般指《小戴礼记》，其内容侧重阐明礼的作用和意义。

· 注释 ·

① 博：广博；广泛。
② 审：详细；有针对性。
③ 慎：谨慎；慎重。
④ 笃：坚定。
⑤ 道：方法；道理。

· 译文 ·

　　广泛地学习，详细地探究，谨慎地思考，明晰地分辨，坚定地实行。……别人付出一分努力能达到的，自己要付出百分努力；别人付出十分努力能做到的，自己就付出千分努力。如果能照这个方法去做，那么，即使是愚蠢的人也一定会变得聪明，即使是柔弱的人也一定会变得刚强。

小古文关键词

戴德

我是《大戴礼记》的"大戴"

姓戴名德字延君，西汉末期河南人。开创礼学"大戴学"，精研《礼记》有心得。选编著作八十五篇，《大戴礼记》由此生。

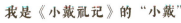

我是《小戴礼记》的"小戴"

姓戴名圣字次君，我是戴德他亲侄儿，叔侄一起学《礼记》，侄选著作四十九篇，同《大戴礼记》共问世。东汉郑玄注解妙，《小戴礼记》广流传，位列九经十三经，畅行于世到今日。

戴圣

这段古文衍生出两个成语：

博学审问　慎思明辨

博学审问：审，详细，周密。广泛地学习，详细地询问。多形容求学的态度和方法。

慎思明辨：慎，谨慎；明，明白，清楚。谨慎地考虑并分辨清楚。

古文小锦囊

四书五经

四书五经指儒家经典著作，分为"四书"与"五经"。四书，即《大学》《中庸》《论语》《孟子》；五经，即《诗经》《尚书》《礼记》《周易》《春秋》。

穿越小剧场：孔子师生采访记

孔子：《儒家周报》请我写一篇关于"慎思明辨"的专访记录，我要深入基层，挖挖写作素材。

曾子：老师，我也去！有事弟子服其劳，我帮您扛摄像机！

采访对象1. 宋国老丁

孔子：老丁，听说你上了宋国热搜？

老丁（拍了下大腿）：说起这事俺就郁闷！俺在院里挖了一口井，俺家人高兴啊，说挖了水井，省下力气就像得到一个干活的人。结果呢，大家都说"老丁挖井挖出大活人"！

孔子：这个说法太玄乎，没人信吧？

老丁：咋没人信！俺们国君还专门派人问俺，挖出个啥样人哩！

曾子（喷水）：噗！省了一个人的劳动力，竟然被传成挖出大活人！

孔子（面向镜头）：老丁的故事告诉我们，遇到事情要考虑、分辨清楚再下判断。

采访对象2：曾家老太太

孔子：曾参，你为啥挡住为师不让进？

曾子：要采访的这位老太太是……是我老妈。

孔子：噢——为师想起来了，老人家误会你杀了人。

曾子：我曾参只杀过猪，哪里杀过人！怪只怪我有个老乡也叫曾参，他杀了人，邻居们一传十，十传百，老妈以为是我，跳墙逃跑了……

曾家老太太（打开门）：臭小子！干吗怪别人和你同名？分明是你娘我没有慎思明辨，轻信谣言！

曾子：……

孔子（面向镜头）：老人家知错能改，善莫大焉啊！

智能之士，
不学不成，不问不知

原文·

不学自知①，不问自晓②，古今③行事④，未之有也。夫⑤可知之事，惟⑥精思之，虽大无难；不可知之事，厉⑦心学问，虽小无易。故智能之士，不学不成，不问不知。

——（汉）王充《论衡》

四年级上册

·出处·

《论衡》——东汉思想家王充撰写的哲学著作。

·注释·

① 知：知道；明白。
② 晓：懂得；通晓。
③ 古今：从古到今。
④ 行事：已有的事例。
⑤ 夫：语气助词。
⑥ 惟：只要。
⑦ 厉：同"励"，磨砺；砥砺。

·译文·

不通过学习就能自己知道，不经过询问就能自己通晓，从古到今已有的事例中，还没有见到过这样的。可以知道的事，只要精心思考它，事情再大也不难明白；不可以知道的事，用心学习、请教，事情再小也不容易弄懂。因此有智慧、有能力的人，不学习就没有成就，不请教别人就不会知晓。

特立独行就是我

姓王名充字仲任，东汉时期上虞人。
博览百家熟经史，坚持世上无鬼神。
褒古抑今不可取，今人进步胜古人。
言论独与世俗反，论著唯有《论衡》存。

王充

小古文大典故

这段古文衍生出一句名言：

不学不成，不问不知

不学不成，不问不知：学，学习；问，请教、询问。不学习就不能成才，不询问就不能知晓。

古文百变字:之

嗨，大家好！我是古文百变字团一号成员——之，百变小之就是我！

我是**人称代词**——"我""你""他""她"，还有"它"：
不知将军宽之至此也。（之：我）——《廉颇蔺相如列传》
太后盛气而揖之。（之：他，指触龙）——《触龙说赵太后》

我是**指示代词**"这"
和"此"：
均之二策，宁许之
以负秦曲。（第一个之：
这）——《廉颇蔺相如
列传》

我是**助词**"的"：
"虎兕（sì）出于柙，
龟玉毁于椟中，是谁之过
与"？（之：的）——《季
氏将伐颛臾》

我是打酱油的，**无实
际意思**：
顷之，烟炎张天。（之：
凑音节，无意义）——《赤
壁之战》

我是动感十足的**动词**，
"到……去"：
奚以之九万里而南
为？（之：到……去）——
《逍遥游》

打假对象：孔子

打假队队长：王充

执法记录：

王充：孔夫子，你涉嫌言论造假，误导后辈。

孔子：王队长，我一生坦荡荡，绝无半句虚言。

子路：就是！我老师可是儒家至圣！

王充：嘿，我专打圣人假！你们看这条署名"孔子"的谶言。

子路（念）："不知何一男子，自谓秦始皇，上我之堂，踞我之床，颠倒我衣裳，至沙丘而亡"。哇！老师真厉害！您预料到后世有个秦始皇，他去鲁国瞻仰你的住宅，还在沙丘去世了。

王充：厉害什么！前246年，秦始皇一路出游，最后在沙丘（今河北广宗境内）病死，压根儿就没去孔子家！

子路：可你们东汉好多人都说秦始皇到过我老师家。

王充：假的！就因为这条不靠谱的谶言，有人据其编造假历史，宣扬圣人不用学习就能知道一切。害得好多年轻人盲目崇拜圣人，都不踏踏实实学本事啦！

孔子：这……这谶言不是我留的，我也没有天生通晓知识，所有学问，都是我踏踏实实学、诚诚恳恳问才得来的呀！

子路：对对！王队长你没听过吗？"子不语怪力乱神"，我老师从来不搞这些神神道道的玩意儿！

王充：原来孔夫子被人侵犯了姓名权。我已帮你们拨打12315投诉电话，你们师徒快去维权吧！

人非生而知之者，孰能无惑

古之学者必有师。师者，所以传①道受②业解③惑也。人非生而知之者，孰④能无惑？惑而不从⑤师，其为惑也，终不解矣。

——（唐）韩愈《师说》

四年级上册

·出处·

《师说》——唐代文学家韩愈创作的一篇议论文，讲述为人师的道理。

·注释·

① 传：传授。
② 受：通"授"，讲授。
③ 解：解答。
④ 孰：谁；哪个。
⑤ 从：跟从；寻求。

·译文·

古代求学的人必定有老师。老师，是传授道理、讲解学业、解答疑惑的人。人不是生下来就懂得道理的，怎么能没有疑惑呢？有了疑惑却不向老师寻求解答，那些成为疑惑的问题，始终不能够解开。

我是唐宋八大家之首

小古文关键词

姓韩名愈字退之，唐代河南河阳人。
尊崇儒学排佛道，不崇骈文倡散文。
古文运动倡导者，位列唐宋八大家。
世人称我韩昌黎，留有著作《韩昌黎集》。

21

这段古文衍生出一个成语：

传道受业

传道受业：受，通"授"，传授。传授道理，教授学业。

文言百变字：其

嗨，大家好！我是古文百变字团二号成员——其，百变小其就是我！

古文小锦囊

角色一

我是**人称代词**，代表"我"，也代表"他"。
而余亦悔其随之。（其：我）——《游褒禅山记》
其闻道也固先乎吾。（其：他）——《师说》
蜀之鄙有二僧，其一贫，其一富。——《为学》

角色二

我是**指示代词**，那个，那些，那；其中：
则或咎其欲出者（其：那些）——《游褒禅山记》

角色三

我是**语气助词**"难道"：
其真无马耶？（其：难道）——《马说》

角色四

我是看热闹的，**没实际意思**：
虽九死其犹未悔。（其：凑音节，
无意义）——《离骚》

角色五

我是**起辅助作用的副词**，表示假设的"如果"：
其若是，孰能御之？（其：如果）——《齐桓
晋文之事》

韩愈：尊敬师长是个好品质，不过，尊敬老师不能光用嘴说，得有实际行动啊！

杨时（北宋学者）：昌黎先生说的没错，对老师一定要恭恭敬敬。有一年冬天，我和同学去洛阳拜见老师程颐。我们走到老师家一看，老师正睡觉呢！怕吵醒老师，我们就乖乖站在那里等。当时的天气那叫一个冷，雪花不停飘啊飘，大得跟鹅毛似的！等到老师醒来，门外的积雪已经有一尺多厚啦！

韩愈：你们树立了一个好榜样，点赞！后来，人们都用"程门立雪"来比喻学生对老师的尊敬。

南宫敬叔（孔子学生）：别看我老师孔子又有名又有才，他老人家可一点儿也不骄傲，到处虚心求教。我记得那是公元前521年的春天，老师去拜访担任周朝守藏史的老子。按说我老师也算是桃李满天下啦，可他老人家一见老子，立即像学生见老师一样参拜，向老子请教"礼制"的问题。

韩愈：儒家圣人孔夫子都这么谦虚，其他人还有什么理由不尊敬老师呢？

桓荣（汉明帝老师）：作为一位老师，最让我感动的学生就是汉明帝刘庄啦！明帝还是太子时，我曾做过他的老师。没想到，这孩子登基后，竟然还像当年一样，对我毕恭毕敬，时不时来我家听我讲学，还叫文武百官一起来向我行弟子礼！我病重的时候，他抓着我的手哭泣；我去世后，他还换上丧服，亲自为我送葬呢！

韩愈：明帝居于高位仍能尊师重道，怪不得能开创"明章之治"，深受百姓爱戴呢！

精卫填海

原文

炎帝之少女[1]，名曰女娃。女娃游于东海，溺而不返，故为精卫，常衔西山之木石，以堙[2]于东海。

——《山海经·北山经》

· 出处 ·

《山海经》——是一部介绍民间传说中地理知识的著作，保存了大量的远古神话传说。

· 注释 ·

① 少女：最小的女儿。少，最小。
② 堙（yīn）：填塞。

· 译文 ·

炎帝的小女儿，名叫女娃。女娃在东海游玩，溺水死亡，于是变成精卫鸟。精卫鸟经常衔了西山的树枝、石子来填塞东海。

我是华夏始祖，之一

姜姓烈山氏号神农，上古时代天下主。发明耒耜（lěisì，远古的耕犁）种五谷，开辟市场易货物。烧制陶器定历日，结丝为弦做古琴。遍尝百草明药理，与黄帝并称华夏祖。

小古文大典故

这段古文衍生出一个成语：

精卫填海

精卫填海：精卫，传说中炎帝的小女儿。形容不达目的不罢休的决心。

古文小锦囊

文言百变字:而

嗨,大家好!我是古文百变字团三号成员——而,百变小而就是我!

角色一

我是**连词**,扮演各种"关系":

蟹六跪而二螯。(而:并列关系。)——《劝学》

溺而不返。(而:承接关系)——《精卫填海》

楚怀王贪而信张仪。(而:递进关系,并且。)——《屈原列传》

青,取之于蓝,而青于蓝。(而:转折关系,却。)——《劝学》

诸君而有意,瞻予马首可也。(而:假设关系,如果)——《冯婉贞》

吾尝跂而望矣。(而:修饰关系,连接状语。)——《劝学》

表恶其能而不用也。(而:因果关系,所以。)——《赤壁之战》

角色二

我是**代词**,客串第二人称"尔":

而翁归,自与汝复算耳。(而:你的)——《聊斋志异》

角色三

我是**语气助词**:

如是而已。(而已:罢了。)——《师说》

26

穿越小剧场：精卫邂逅愚公

精卫：西山木石快衔完，大海还是无边际，今天我要换座山。"精卫！精卫！"

愚公：一铲一铲又一铲，带着儿孙挖高山，太行王屋要移转。"嘿哟！嘿哟！"

精卫：老爷爷，您这又是挖山，又是运土，要干啥呀？

愚公：小鸟儿你看，这太行、王屋两座山这么高、这么大，正对着我家门口。我要想到山外去，就要绕很远很远的路，太不方便啦！这不，爷爷我下定决心，要把这两座山移开。

精卫：移山？可您这岁数不小了吧？您……能移完吗？

愚公：哈哈，河湾的智叟也这样问我，我告诉他，没事儿，我死了还有儿子，儿子死了还有孙子，孙子死了还有孙子的儿子……子子孙孙不断地挖，山却不会变高，还怕挖不平吗？

精卫（沉默不语，心中震撼）：不达目的誓不罢休的人还真不少呢！不多说，去填海！

愚公：小鸟儿飞得还挺快！继续挖土，移山！

27

王戎不取道旁李

·原文·

王戎七岁，尝①与诸②小儿游③。看道边李树多子折枝④，诸儿竞走⑤取之，唯⑥戎不动。人问之，答曰："树在道边而多子，此必苦李。"取之，信然⑦。

——《世说新语·雅量》

·出处·

《世说新语》——一部主要记述魏晋人物言谈轶事的笔记小说，记述自汉末到刘宋时名士贵族的逸闻轶事。

·注释·

① 尝：曾经。
② 诸：众多。
③ 游：嬉戏玩耍。
④ 折枝：压弯树枝。
⑤ 竞走：争相地跑过去。
⑥ 唯：只有。
⑦ 信然：确实如此。

·译文·

王戎七岁的时候，曾经和许多小孩一起嬉戏玩耍。他们看见路边李子树上果实累累，把树枝都压弯了。孩子们都争相跑过去摘李子，只有王戎没有动。有人问他为什么不去摘李子，王戎回答说："李子树长在路边，竟然还有这么多李子没有被路人摘走，这一定是苦李子。"别的小孩摘来一尝，确实如此。

我是竹林七贤之一

姓王名戎，字濬冲，琅邪王氏出身，三国至西晋时期名士，官至尚书令、司徒，他人笑我吝啬狂，我笑他人故清高，竹林七贤里的小弟弟，书法名作《华陵帖》。

王戎

小古文大寓言

王戎卖李

王戎的一生和李子结下了不解之缘，聪明因为"李子"，而吝啬之名也因"李子"而起。据说在《世说新语》中记载的九条关于"吝啬鬼"的"八卦"中，王戎就独占四条，其中最著名的就是王戎卖李子的故事："王戎有好李，卖之，恐人得其种，恒钻其核。"

王戎家有棵李子树，结的果实又大又甜，他既不自己吃也不送亲朋，而是摘了李子拿出去售卖。其实家财万贯的王戎根本不差钱！更有意思的是，他怕买李子的人用李子核复制了他家的好树，于是不厌其烦地"钻其核而后出售"，被世人传为笑谈。

小古文大典故

这篇古文里也有一个流传至今的成语：

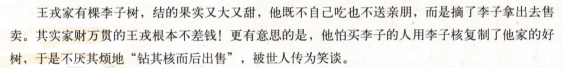

道旁苦李

道旁苦李：指的是路边的苦涩的李子，走过的人不摘取。比喻被人所弃、无用的事物或人。

29

竹林七贤是些什么人？

竹林七贤是魏晋时期的七位名士，他们常常在当时的山阳县（今河南省辉县、修武一带）的竹林里喝酒、纵情歌唱，放诞不羁，蔑视礼法。这七人是嵇康、阮籍、山涛、向秀、刘伶、王戎和阮咸。

桃李不言，下自成蹊；道旁苦李，为人所弃。——明·程登吉《幼学琼林》
又如道旁李，味苦不堪折。——宋·范成大《次韵葛伯山赡军赠别韵》
知君先竭是甘井，我原得全如苦李。——宋·苏轼《次韵王定国南迁回见寄》

两千多年后，忽然间一道闪电划过夜空。

竹林还是那竹林，酒还是那酒。夏天的竹林里，凉风习习。七个人分别了太长的时间了，想不到今天又聚集到一起，大家喝酒聊天。

嵇康： 我喜欢打铁，还喜欢弹琴，临刑前的一曲《广陵散》至今成绝唱。

阮籍： 我不爱说话，讨厌的人，我用白眼看他；喜欢的人，我用"青眼"看他。我家旁边小酒馆的女主人真漂亮，我一喝多了就躺在她旁边睡大觉。

阮咸： 嗯，叔叔说得对！我们老阮家人都能喝。家族聚会的时候，都是用大瓮来盛酒。当时有很多猪来了，直接就上去喝了，于是大家就与猪们一起喝酒。

山涛： 你们都知道，我们那时候，酒用斗装。有一次晋武帝司马炎想试探我的酒量，准备了八斗酒让我喝，还暗地又添一些酒，但我喝八斗就不再喝了，没意思。

向秀： 我不爱喝酒，我喜欢看嵇康打铁。还记得在他家门前的大柳树下，嵇康挥舞着打铁锤，我在旁边拉动风箱烧火，配合得多么默契啊，想想真是高兴。

刘伶： 我喜欢喝酒，还有些任性放诞。我赤身裸体待在屋中，关旁人何事，还嘲笑我，于是我就反击："我把天地当房子，把房屋当裤子，你们为什么跑到我裤子里来？"

王戎： 你们都是酒鬼，而我是你们理解不了的吝啬鬼，侄子结婚我随份子随了一件单衣，那是下了相当大的决心啊！

风刮过，竹林里杯盘狼藉，七个人不知去向，只听得竹叶沙沙作响。

囊萤夜读

·原文·

胤恭勤不倦[1]，博学多通。家贫不常得油[2]，夏月则练[3]囊盛数十萤火以照书，以夜继日焉[4]。

——《晋书·车胤传》

四年级下册

·出处·

《晋书》——二十四史之一，记载了三国司马懿至东晋恭帝共二百余年的历史，是了解两晋的基本史籍。

·注释·

① 倦：倦怠；厌倦。
② 油：灯油。
③ 练：白色丝绢。此处名词用作动词。
④ 焉：语气助词。

·译文·

　　车胤（yìn）恭谨勤奋从不倦怠，知识广博识见通达。他家中贫穷经常买不起灯油，夏天就用白丝绢做成的袋子装几十只萤火虫用来照明读书，日夜不停。

小古文关键词

我是捉萤火虫照明的人

姓车名胤，字武子，东晋时期南平人，少时囊萤勤读书，学成才名播朝野，晋孝武帝讲《孝经》，我与王混来断句，安帝即位重用我，加我辅国将军职，得罪奸臣司马元显，被逼自尽时人悼。

车胤

小古文大典故

这段古文衍生出半个成语——"囊萤映雪"的"囊萤"：

囊萤映雪

囊萤映雪：囊萤，指晋代车胤用萤火虫照明读书；映雪，指晋代孙康冬天借着雪地的反光读书。形容刻苦学习，不惧艰苦。

文言百变字:以

嗨，大家好！我是古文百变字团四号成员——以，百变小以就是我！

角色一

我是**介词**：

夏月则练囊盛数十萤火以照书。（表示动作、行为涉及的对象。以：用来）——《囊萤夜读》

余船以次俱进。（以：按照）——《赤壁之战》

以五百岁为春。（以：把）——庄子《逍遥游》

以故其后名之曰"褒禅"。（表示原因。以：因为。）——《游褒禅山记》

角色二

我是**连词**：

樊哙侧其盾以撞。（表示承接。以：而）——《鸿门宴》

挟飞仙以遨游。（表示修饰。以：同"而"）——苏轼《前赤壁赋》

学不可以已。（和"可"连用。以：能够）——《劝学》

故不积跬步，无以至千里。（和"无"组成黄金搭档"无以"。无以：没有用来……的办法）——《劝学》

君臣固守以窥周室。（表示目的。以：以便。）——《过秦论》

角色三

我是**通假字**，扮演副词：

故以怪之矣。（以：通"已"，已经。）——《陈涉世家》

车胤

刻苦读书求上进，编成成语警后人。今天建个成语群，看看都有啥事迹？我做出"萤火虫灯"，和孙康借雪地反光读书，并称为"囊萤映雪"。

匡衡

没有条件就要创造条件。我小时家穷，没钱点灯。有一天，墙壁裂了缝，邻居家的灯光透了过来，我就干脆把墙凿了个洞，每晚借着邻居家的灯光读书。后人称为"凿壁偷光"。

李密

碎片时间很好用！我骑牛去看朋友，把《汉书》挂在牛角上边走边学。后人称为"牛角挂书"。

只有多读书，人生才有出路。我自备读书神器小锥子，困的时候，照大腿来上一锥——嚯，立马精神啦！东汉政治家孙敬的神器是根大麻绳，一头拴在房梁上，一头绑住头发，瞌睡上来一点头，绳子就扯动头皮——咝，疼醒啦！后人称我们为"悬梁刺股"。

孙康

成功的人生都是相似的！咱这些人时代不同，刻苦读书的方法不同，但上进的精神都是一样一样的，怪不得都能成为人生赢家啊！

35

铁杵成针

原文

　　磨针溪，在象耳山下。世传①李太白②读书山中，未成③，弃去。过是溪，逢④老媪⑤方⑥磨铁杵⑦，问之，曰："欲作针。"太白感⑧其意，还⑨卒⑩业。媪自言姓武，今溪旁有武氏岩。

——《方舆胜览·眉州》

四年级下册

·出处·

《方舆胜览》——南宋祝穆编写的地理类书籍，包括了地名以及相关的人物、风俗、景物等内容。

·注释·

① 世传：世代相传。
② 李太白：即唐代诗人李白，字太白。
③ 成：完成。
④ 逢：碰上。
⑤ 媪（ǎo）：老妇人。
⑥ 方：正在。
⑦ 杵：一头粗一头细的圆棒，多用来碾压米粒或捶打衣服。
⑧ 感：被……感动，受……感慨。
⑨ 还（huán）：回去。
⑩ 卒：完成。

·译文·

　　磨针溪，在象耳山山脚。世代相传，李白曾在山中读书，学业还没完成，就放弃离开。李白路过这条小溪时，碰到一位老妇人正在磨铁棒，李白问她在干什么，老妇人说："想把它磨成针。"李白被老妇人的精神感动，返回山中完成学业。老妇人说自己姓武，至今磨针溪边还有一块叫武氏岩的岩石。

我是记载地理故事的人

姓祝名穆字和甫，南宋江西婺源人。师从朱熹读万卷，往来吴越访名胜。晚年潜心编著作，著书两本广流传：《事文类聚》集古文，搜古囊今范围广；《方舆胜览》述地理，风物名胜齐留存。

小古文大典故

这段古文衍生出一句俗语：

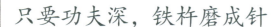

只要功夫深，铁杵磨成针

只要功夫深，铁杵磨成针：只要下定决心，肯花时间和精力去做，铁棒也能磨成绣花针。比喻只要肯努力，再难的事情也能够成功。

古代称呼与现代称呼

古文小锦囊

李白遇到的老大娘，古代称"媪"，如果他遇到的是位老大爷，就要称"翁"啦！咱们一起来看看古今称呼的不同吧——

现代	古代
老师	夫子、西席、先生等
我	吾、余、愚、予、不才、在下、鄙人等
你	汝、尔、公、君、阁下、足下等
你爸	令尊、令严

现代	古代
我爸	家父、家严、家翁、家公等
你妈	令堂、令慈等
我妈	家母、家慈
你哥你姐你弟你妹	令兄；令弟；令姊；令妹
我哥我姐我弟我妹	家兄；舍弟；家姊；舍妹
你媳妇	令正、令阃（kǔn）
我媳妇	拙荆、内子、贱内
你儿子	令郎
我儿子	犬子、小儿
你闺女	令爱、令嫒
我闺女	息女、小女

李白

磨针精神哪位强，大伙一起来切磋。今日摆个小擂台，胜者奖励酒一瓶。

王羲之

我喜欢练字，用秃的毛笔堆成"笔山"，冲洗笔砚的小水池染成"墨池"。有一次，丫鬟给我送来馒头和蒜泥。我这正琢磨书法呢，拿起馒头蘸蘸就吃，居然把墨汁当成了蒜泥，吃了个大黑嘴……

怀素

我最爱狂草。可我打小就当了和尚，哪儿有钱买纸练字啊！这不，我在寺院附近种了一大片芭蕉树，拿笔墨往芭蕉叶上写字，不管烈日寒风，没一天间断。

唐伯虎

我跟着名大画家沈周学画画。学着学着，我觉得老师教的不算啥，自个儿全会！老师看我这尾巴翘上天的熊样子，就让我去开窗户，我一推，才发现竟是假的！是老师画的！哎哟，我心里这个惭愧啊！从那以后，我就踏踏实实学本事，再也不起幺蛾子啦！

李白：比起王兄和唐老弟，怀素大师的条件尤为艰苦，这瓶好酒就给了他吧！

天行健，君子以自强不息

·原文·

《象》①曰：天②行③健④，君子以自强不息。

——《周易·乾卦》

·出处·

《周易》——亦称《易经》。儒家重要经典之一，内容包括《经》和《传》两部分，通过八卦形式推测自然和社会的变化。

·注释·

① 《象》：《象传》，古代用来解释卦象、卦义的书，又分《大象传》和《小象传》。这里指《大象传》。
② 天：天道。
③ 行：动词，运行不息。
④ 健：刚强劲健。

·译文·

《象传》说，天道运行不息，刚强劲健。君子也应如此，坚强振奋，永不懈怠。

我是传说中推演《周易》的人

小古文关键词

姬昌

殷商诸侯周国王，敬老慈少礼下士。
重用姜尚群贤至，开疆拓土国力强。
推演《周易》六十四卦，推行周礼与中道，世人尊称周文王。

这段古文衍生出一个成语：

自强不息

自强不息：指自觉奋发努力，永不懈怠。

古文小锦囊

什么是"乾"？

乾是《周易》六十四卦之首，代表"天"，象征着自强不息、勇往直前的奋斗精神。古代人认为，正是因为有了"乾"，有了自强不息的动力，世间万物才得以繁衍生息、不停轮转。

穿越小剧场：三人团出国记。

司马迁：不是我不明白，这世界变化快！啧啧，在山的那边海的那边，竟然有如此之多的国度，好想去参观！

唐玄奘：阿弥陀佛，想参观就走吧，再远的路，也挡不住贫僧的脚步。

周文王：莫急，都21世纪了，远路用不着脚丫子一步步走。喏，三张飞机票，搞定！

德国，柏林，柏林音乐厅。

唐玄奘（不自在地摸着领带）：阿弥陀佛，脖子上吊着带子好难受，哪里赶得上佛珠，好看又好摸。

司马迁（掸了掸西服领子，正襟危坐）：异域人的头发和眼珠有好几种颜色，长得和咱中华人士不一样，稀罕！

周文王：嘘！二位少安毋躁，听！

"当当当当！当当当当！……"《命运交响曲》旋律响起。

唐玄奘：阿弥陀佛，贫僧竟然流泪了……

司马迁：2000多年了，我突然想起写《史记》的那段日子……

音乐会结束，三人团在柏林街头的街心公园歇息。

司马迁：我这小心脏，到现在还怦怦直跳，激动得不行。文王，这调子叫啥？

唐玄奘：听了这旋律，贫僧似乎回到当年取经时，在茫茫大沙漠中一步一步往前挨，挪一步，再挪一步，直
　　　　到看见水源。

周文王：三藏法师，您从长安（今陕西西安）直至当时印度佛教中心那烂陀寺，一路上跋山涉水，过流沙、
　　　　天山、大雪山，行程1万3千多公里，历时16年，带回佛经657部，毅力和勇气非常人能及。

唐玄奘：哪里，这是贫僧身为佛家子弟的本分。太史公为好友李陵将军辩护，激怒汉武帝，遭受宫刑身体残缺，
　　　　却依然忍受屈辱，以坚忍不拔的信念完成《史记》，让人感动钦佩！

周文王：毫无争议，您二位都是自强不息的典范。刚才这首曲子叫《命运交响曲》，它的创作者，德国人贝
　　　　多芬也称得上是命运的斗士！

司马迁：听曲调就不一般！您快说说！

周文王：这位贝多芬是音乐天才，八岁开始登台演出，声名鹊起。但天妒英才，他二十六岁那年，竟然患上
　　　　耳疾，渐渐丧失了听力。《命运交响曲》，就是他在失聪后写的。

唐玄奘：听不见声音还能写出这么激昂的旋律？简直让人难以置信！

周文王：贝多芬虽然没了听力，却用整个生命和全部激情去感受音乐的世界。他曾说，要"扼住命运的咽喉"，
　　　　他做到了！

司马迁：自强不息，不向命运屈服，贝多芬，真英雄啊！

43

胜人者有力，自胜者强

原文

知人者智，自知者明。胜人者有力，自胜者强^①。知足者富，强行者^②有志。不失其所^③者久，死而不亡者寿^④。

——《老子·道经》

·出处·

《老子》——又叫《道德经》，道家的主要经典，记载了春秋时期老子的思想，被誉为"万经之王"。

① 强：刚强，强大。
② 强行者：坚持不懈、持之以恒的人。
③ 所：指事业，根基。
④ 寿：长寿。

•译文•

　　能够了解别人的人是智慧的，能够了解自己的人是明智的。能够战胜别人的人称之为有力量，能够战胜自己的人称之为刚强。知道满足的人才是真正的富有，坚持身体力行、努力不懈的人才是有志气。不丢掉根基的人才能够恒久，肉体死亡而精神永存的人才真正长寿。

小古文关键词

我是让老子看舌头的那个老头

姓商名容周朝人，商臣商容不是我。
老子探病求教我，我询问他三问题：
过故乡下车懂否？过乔木疾行知否？
看我舌头牙齿在否？故乡下车不忘本，
乔木疾行要尊老，舌在牙无柔胜刚，
三个问题都答对，老子体悟大道理。
世人称我老聃师，将我列入《高士传》。

商容

小古文大典故

这段古文衍生出一个成语：

自胜者强

自胜者强：自胜，战胜自己；强，刚强，强大。能够战胜自己的人才称得上强大。

古文百变字:者

嗨，大家好！我是古文百变字团五号成员——者，百变小者就是我！我扮演的角色是各种含义的助词——

角色一

代表"……"的（人、东西、事情）：

有复言令长安君为质者，老妇必唾其面！（者：……的人。）——《触龙说赵太后》

角色二

站位**数词**后面，指代事物：

此数者，用兵之患也。（者：地方）——《赤壁之战》

角色三

我是……**的样子**。

言之，貌若甚戚者。（者：……的样子。）——《捕蛇者说》

角色四

我跟在**主语**后面凑数，请把我当空气。

廉颇者，赵之良将也。（者：引出判断的语气，不翻译。）——《廉颇蔺相如列传》

角色五

与"何"连用，表示**疑问**语气：

何者？严大国之威以修敬也。（何者：为什么呢？）——《廉颇蔺相如列传》

老子倚靠在松树下，青牛悠闲地吃着草，太阳一点点没入山后，只余漫天绚丽的晚霞……

老子：前日约好要游山，夕阳西下不见人，骑着牛儿去瞧瞧，为啥放我大鸽子。

小木屋中，司马迁正奋笔疾书……

老子（推门）：太史公。

司马迁依然低头写字。

老子：太史公？太史公？太……

司马迁（抬头，一怔，随即猛拍额头）：呀！是先生！哎呀！游山之约……

老子拿起书案上的纸页，摊开——

老子：《自胜者列传》？现外国之有志者，德国有贝多芬，美国有海伦·凯勒……

司马迁：前几日与周文王出国游历，见识了几位外国志士，一时感慨作传（zhuàn）。写得顺手，忘了游山约。

老子：不妨事！这贝多芬我知道，三藏法师昨个儿去我那喝茶，对他推崇有加，但这海伦……

司马迁：先生可还记得"鲁君子"左丘明吗？

老子：当然记得！鲁君子是史学鼻祖，著有《左氏春秋》与《国语》。尤其难得的是，他写《国语》时已双目失明，依然口述成书，可敬可佩！

司马迁：这位叫海伦的美国姑娘，成就虽然不能与鲁君子相比，但励志精神却一模一样。她一岁多失明又失聪，凭借顽强毅力学会说话，努力学习，掌握5种语言，撰写14部著作，还心怀大爱，建立慈善机构帮助残障人士。

老子：战胜别人容易，战胜自己困难，这位姑娘不愧是刚强的自胜者啊！

不怨天，不尤人

原文

子曰："莫我知也夫！"子贡曰："何为其莫知子也？"子曰："不怨天，不尤①人，下学而上达。知我者其天乎！"

——《论语·宪问》

四年级下册

· 出处 ·

《论语》——孔子的弟子及再传弟子记录孔子及其弟子言行的书。

· 注释 ·

①尤：怨恨，责怪。

· 译文 ·

孔子感叹道："没有人了解我啊！"子贡说："为什么没有人了解您呢？"孔子说："我不怨恨上天，不责怪别人，不懈地学习并且通达透彻地明白事理。了解我的大概只有天吧！"

小古文关键词

子鉏（chú）商：我是惹孔子感慨的人

鲁国贵族去打猎，我为叔孙氏赶车，无意捕获一异兽，大伙都说不吉利，孔子赶来观异兽，判断它是一麒麟，西狩获麟孔子叹，对子贡说"莫我知"。

49

这段古文衍生出一个成语：

怨天尤人

怨天尤人：天，命运；尤，怨恨。受到挫折一味怨怪命运，责备别人。

文言百变字：何

古文小锦囊

嗨，大家好！我是古文百变字团六号成员——何，百变小何就是我！

角色一

我是**通假字**，通"呵"，喝问：

信臣精卒陈利兵而谁何。（谁何：喝问他是谁。）——《过秦论》

角色二

我是**动词或介词的宾语**"什么""哪里"；要记住哦，我是宾语要前置，翻译时候排在后：

大王来何操？（何操：带了什么）——《鸿门宴》

豫州今欲何至？（何至：去哪里）——《赤壁之战》

角色三

我是疑问**代词**"怎么""什么"：

客何为者？（何：什么）——《鸿门宴》

孔子：很荣幸担任英雄人物擂台赛的评委，今天上场的两位选手是西楚霸王项羽，还有明朝开国皇帝朱元璋！

子贡：有请！

擂台比拼第一项：武力值（20分）

项羽：巨鹿之战破秦军，秦灭之后领诸军，力拔山兮气盖世，西楚霸王就是我。

朱元璋：我加入郭子兴义军，打仗时出了名地不要命。我先称吴王，又建立大明朝。

子贡：项羽9分，朱元璋7分。

孔子：楚霸王确实很能打，比明太祖武力值高，无异议。

擂台比拼第二项：亲和值（30分）

项羽：俺有个谋士叫范增，天天在俺耳边叨叨："杀刘邦杀刘邦杀刘邦……"说来说去就这一个事儿，忒啰唆！

朱元璋：感谢徐达、刘基、李善长、常遇春，他们的主意我基本都采纳，最终赢得天下！

子贡：项羽10分，朱元璋20分。

孔子：楚霸王不听谏言，鸿门宴放走刘邦，疏远范增，刚愎自用，亲和值不及格！明太祖打天下时知人善任，得天下后却大杀功臣，心胸未免过于狭窄，20分太高，扣2分！

擂台比拼第三项：逆境商（50分）

项羽：刘邦小儿太奸诈，垓下之战可把俺打惨了！乌江亭长劝我渡过乌江再称王，俺一想，这是天要亡俺，渡江有啥用？干脆自我了断，十八年后又是一条好汉！

朱元璋：我家特别穷，爸爸妈妈兄弟姐妹基本都饿死了。没办法，我只好去当和尚。当时天下大乱，我一想，乱世造英雄，拼了！

子贡：项羽30分，朱元璋50分。

孔子：明太祖不怨天尤人，奋斗不息，由草根逆袭成皇帝，逆境商相当高，妥妥50分，励志！楚霸王的爷爷是楚国名将项燕，开始打仗时又有叔叔项梁罩着，后来更是统率兵马实力强横，可他非把一手好牌打稀烂！败退时，恨刘邦，怨上天，最后一死了之，连卷土重来的勇气都没有，10分！

子贡：现在宣读结果：项羽 VS 朱元璋，朱元璋完胜！

51

生于忧患而死于安乐

·原文·

孟子曰："舜发于畎亩①之中，傅说②举于版筑③之间，胶鬲④举于鱼盐之中，管夷吾⑤举于士，孙叔敖⑥举于海，百里奚⑦举于市。故天将降大任于是人也，必先苦其心志，劳其筋骨，饿其体肤，空乏其身，行拂⑧乱其所为，所以动心忍性，曾⑨益其所不能。人恒过，然后能改；困于心，衡⑩于虑，而后作；征于色，发于声，而后喻。入则无法家拂⑪士，出则无敌国外患者，国恒亡。然后知生于忧患而死于安乐也。"

——《孟子·告子下》

·出处·

《孟子》——由孟子和他的学生编写，记载了孟子的言行及思想。

·注释·

① 畎（quǎn）亩：耕田。畎，田间水渠。
② 傅说（fù yuè）：商王武丁的国相。
③ 版筑：古人垒墙时，用两版夹实，中间填土夯实。
④ 胶鬲（gé）：商纣王时贤臣。
⑤ 管夷吾：即管仲，曾被齐桓公囚禁。士，狱官。
⑥ 孙叔敖（áo）：楚国令尹。
⑦ 百里奚：秦穆公大臣。
⑧ 拂：违背。
⑨ 曾（zēng）：同"增"，增加。
⑩ 衡：同"横"，阻挡，不顺。
⑪ 拂（bì）士：拂，同"弼"。弼士，辅弼的贤才。

孟子说："舜从田亩中兴起为王，傅说曾是筑墙工匠而被举用，胶鬲曾贩鱼卖盐而被举用，管夷吾曾为囚徒而被举用，孙叔敖曾隐居在海滨而被举用，百里奚曾沦为奴隶而被举用。所以说上天要降临重任给某人，必定先磨砺他的心志，疲劳他的筋骨，饥饿他的身体，穷困他的生活，影响扰乱他的行为，来触动他的内心，坚忍他的性格，增加他以前不具备的才能。人常会犯错，犯错后才能改正；内心困顿，思维阻塞，才能有所奋发；显露在形貌上，流露在言谈中，才能被人知晓。一个国家，国内没有执法的严臣、辅弼的贤才；国外没有与之抗衡的国家、外在的忧患，这样的国家常常会很快灭亡。由此得知，忧患促人、国家奋发，安逸使人、国家败亡。

小古文关键词

我是秦国重臣，五张黑羊皮换来的

百里奚

姓姜名奚氏百里，春秋时期虞国人。曾在虞国任大夫，晋国灭虞沦为奴，后来出逃至楚国，楚王让我去养牛。秦王赏识欲用我，五张羊皮将我赎，归秦官拜上大夫，获名号"五羖（黑公羊）大夫"。

小古文大典故

这段古文衍生出一个成语：

动心忍性

动心忍性：历经困苦而磨炼身心。

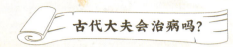

古代大夫会治病吗？

百里奚当过秦国上大夫，这"大夫"是干啥的？这个大夫（dàfū），可不是医生，而是古代官职的一种。先秦时期，诸侯国在国君下，设有卿、大夫和士等官职，上大夫仅次于卿。

后来，大夫在不同朝代的含义各有不同。有时指官职，比如谏议大夫、御史大夫等；有时指知识分子或官员，称为士大夫。

孟子：生于忧患，死于安乐，这可是颠扑不破的真理，谁来举个实例？

嘟嘟嘟——
伍子胥、勾践提出连线申请。
勾践已接通。

勾践（春秋时期越国君）：孟夫子好！我是生于忧患的教科书式范例！想当年我败给夫差那小子！他居然让我给他喂马驾车整两年！回国后，我睡在柴草上，吃饭前先舔口苦胆，提醒自己勿忘耻辱。就这样，我励精图治，终于灭了吴国！

伍子胥已接通。

伍子胥（吴国大夫）：孟夫子好！我家大王夫差，活脱脱是死于安乐的现身说法！打败越国时，我让他斩草除根灭了越国，他非要接受投降！纳降也就罢了，人家越王卧薪尝胆，厉兵秣马，他倒好，纵情声色，听信谗言戮害忠臣，到底让越国给灭了！

盛年不重来，一日难再晨。
及时当勉励，岁月不待人

人生无根蒂①，飘如陌②上尘。分散逐风转，此已非常身。落地③为兄弟，何必骨肉④亲！得欢当作乐，斗酒聚比邻。盛年不重来，一日难再晨。及时当勉励，岁月不待人。

——《杂诗十二首·其一》

五年级上册

·出处·

《杂诗十二首》——东晋田园诗人陶渊明所写的十二首咏怀诗。

·注释·

① 无根蒂：根，植物扎在土壤内的部分，为植物提供生长所需营养；蒂，指花或果实与茎、枝干相连的地方。没有根和蒂，形容漂泊不定。
② 陌：道路。
③ 落地：出世，诞生。
④ 骨肉：有血缘关系的亲人。

·译文·

人生在世就像失去根蒂的植物，漂泊不定好比道路上的灰尘。命运变幻莫测，人们随风飞转，早已不再是当初的自己。每个人出世那天起就该彼此成为兄弟，何必拘泥于骨肉相连的血缘亲情！遇到高兴事应当及时行乐，得到美酒就去欢聚畅饮。青春不会重来一遍，一天没有两个早晨。要珍惜时光奋发上进，岁月从不会等待任何人。

小古文关键词

我是隐士中的明星

陶渊明

姓陶名渊明又名潜，元亮为字号五柳；自幼厌俗爱丘山，三度入仕又辞别。正式归隐居田园，亲身劳作意悠闲。吟诗作赋百余首，后人为我结成集。《陶渊明集》传后世，隐士之名动千秋。

57

这段古文衍生出一句珍惜时间的名言：

及时当勉励，岁月不待人

及时当勉励，岁月不待人：要珍惜时光奋发上进，岁月从不会等待任何人。指年轻人不要虚度光阴，必须及时努力求上进。

田园诗派

古文小锦囊

　　田园诗派，就是以山水田园景色和田园生活为题材的诗歌创作流派。田园诗取材于日常生活，语言清新隽永、质朴易懂。田园诗派的开山始祖即东晋诗人陶渊明，后世著名田园诗人还有唐朝的王维、孟浩然和南宋的范成大等。

　　一起来感受下清新的田园诗吧——

采菊东篱下，悠然见南山。
——东晋·陶渊明《饮酒》

明月松间照，清泉石上流。
——唐·王维《山居秋暝》

梅子金黄杏子肥，麦花雪白菜花稀。
——南宋·范成大《四时田园杂兴》

绿树村边合，青山郭外斜。

——唐·孟浩然《过故人庄》

绿遍山原白满川，子规声里雨如烟。

——南宋·翁卷《乡村四月》

陶渊明：一寸光阴一寸金，寸金难买寸光阴啊！这时间哪，比那黄金还宝贵。毕竟，黄金没了可以再挣，时间没了，多少黄金也没地儿买去！今儿个，咱仨聚在我家，交流交流珍惜光阴的经验。您几位先聊，我去杀只鸡，采点蘑菇。

达尔文：Sorry! 我写《物种起源》那会儿，觉得睡觉是最浪费时间的事儿！地球上的生物太奇妙啦！我白天也观察，晚上也观察，每天睡眠不超过 5 小时！就算生重病快去世了，我依然坚持观察，一秒钟也不浪费，直到走到生命的终点。

司马光：重要事情说三遍：时间不够用！时间不够用！时间不够用！可人总要睡觉啊！我用一根圆咕隆咚的木头当枕头。每次我一翻身，木头滚了，我也醒了，就赶紧爬起来看书。说实话，我能写成《资治通鉴》，不是我多聪明，就因为我比别人会珍惜光阴！

陶渊明：我陶五柳也是驾驭时间的一把好手，瞧，就在你们唠嗑这会儿，我写了三首诗，还干了个小家务——小鸡炖蘑菇，出锅喽！

图书在版编目（CIP）数据

课本里的小古文 / 杨宏丽主编. ——济南：山东友谊出版社，2021.4

ISBN 978-7-5516-2315-5

Ⅰ.①课… Ⅱ.①杨… Ⅲ.①文言文－小学－教学参考资料 Ⅳ.①G624.203

中国版本图书馆CIP数据核字（2021）第060775号

课本里的小古文

KEBEN LI DE XIAO GUWEN

策划编辑：王 震

责任编辑：肖 静 肖 杉

主管单位：山东出版传媒股份有限公司

出版发行：山东友谊出版社

        地址：济南市英雄山路189号 邮政编码：250002

        电话：出版管理部（0531）82098756

               市场营销部（0531）82098035（传真）

        网址：www.sdyouyi.com.cn

印 刷：鹤山雅图仕印刷有限公司

开本：778mm×491mm 1/12

印张：20   字数：300千字

版次：2021年4月第1版   印次：2021年4月第1次印刷

定价：210.00元（全4册）

第三册

课本里的

小古文

杨宏丽 主编

山东友谊出版社·济南

序 >>>

书声琅琅，开卷有益；文以载道，继往开来。迄今为止，汉字是世界上使用时间最长的文字。更让我们骄傲的，是自汉字诞生以来，先贤们用妙笔写就的美文。

文言文中的名篇，或议论，或叙事，或抒情，语言优美、韵律工整、音调和谐，且包含了古人的生活、情感、精神、智慧、哲学内涵，折射出历代的社会制度、文化意蕴、宗教礼俗、意识形态等特征，是一笔非常宝贵的文化遗产。这些美文经历了时间的考验，至今读来，依然让人唇角含香，余味无穷。爱上小古文，无关功利，意在文化。诵读小古文，意义不仅仅在于让孩子们切身感受到汉语严密的逻辑性、生动的形象性和灵动有味的抒情性，更在于在孩子们心中打下受用一生的中国优秀传统文化的底子，引发他们对祖国语言和历史文化的自觉接受。

我们编写的这套《课本里的小古文》，力求通过生动活泼的形式，让孩子们在轻松愉悦的学习过程里体会古文名篇里积淀的文字美，韵律美，哲思美，意境美……

来吧，孩子们，让我们一起大声读起来。

杨宏丽

目录

莫等闲，白了少年头，空悲切

·原文·

怒发冲冠[1]，凭栏处、潇潇[2]雨歇。抬望眼，仰天长啸，壮怀激烈。三十功名[3]尘与土，八千里路[4]云和月。莫等闲，白了少年头，空悲切！

靖康耻，犹未雪。臣子恨，何时灭！驾长车，踏破贺兰山[5]缺。壮志饥餐胡虏[6]肉，笑谈渴饮匈奴血。待从头、收拾旧山河，朝天阙[7]。

——宋·岳飞《满江红·写怀》

五年级上册

·出处·

《满江红·写怀》——满江红是词牌名，《满江红·写怀》是宋朝抗金名将岳飞填的一首词，抒发了作者对山河沦陷的悲愤，对南宋朝廷不作为的痛惜，以及对收复故土的期盼。

·注释·

[1] 怒发冲冠：由于愤怒，头发竖起，顶起了帽子。形容愤怒至极。冠，指帽子。
[2] 潇潇：雨势劲急的样子。
[3] 三十功名：年过三十，建立功名。
[4] 八千里路：形容南征北战，征途漫长。
[5] 贺兰山：位于宁夏回族自治区与内蒙古自治区交界处。
[6] 胡虏：指金国。
[7] 天阙：宫殿前的楼宇，代指皇帝居住的地方。

我怒气勃发顶起冠帽，独自登高凭栏，骤急风雨刚刚止歇。抬头远望，忍不住仰天长啸，保家卫国之情充塞胸膛。年已过三十，建立的功名如尘土般微不足道；转战八千里，数不尽多少风起云涌、披星戴月。不要虚耗时光，任凭青丝变成白发，再徒劳地后悔悲伤。

靖康之变的耻辱，至今仍未消弭，臣子的愤恨，何时才能泯灭？我要驾战车出战，征服贺兰山脉。我壮志满怀，饥饿时饱餐金敌之肉，谈笑间口渴时痛饮敌人鲜血。等我卷土重来、收复旧日山河，向国君报告胜利消息。

岳飞

小古文关键词

我是死于"莫须有"的抗金名将

姓岳，名飞，字鹏举，宋朝相州汤阴人。生具神力武艺高，四度从戎战名扬。战功赫赫敌丧胆，施压朝廷将我害。父子二人齐入狱，罗织罪名莫须有。孝宗为我来平反，改葬西湖谥"武穆"。

小古文大典故

这首词借用了一个成语：

怒发冲冠

怒发冲冠：气得头发竖立，顶起了帽子，形容愤怒到了极点。

靖康之变

宋钦宗靖康二年（1127年），金军攻入北宋都城东京（今河南开封），掳走宋徽宗、宋钦宗两位皇帝及后宫"三千余人"。

天潢贵胄沦为俘虏，情状极其凄惨，死于饥渴、虐待的人不计其数。到达北方后，男子每十人中仅存活四人，女子每十人中仅存活七人……

穿越小剧场：岳王庙里君臣会

宋徽宗（痛哭）：岳爱卿，老赵家对不起你！你奋不顾身抗金，朕那不争气的老九却重用秦桧，把你……杀了！

宋钦宗（愤怒）：九弟是怕岳爱卿把朕和父皇接回去，他当不成皇帝！

宋高宗（白眼）：皇兄，你说话要讲良心哦！那金兵——多厉害呐！真要让他们渡江打进来，咱大宋江山可就连片草叶儿都不剩啦！朕这是保存实力！

岳飞：三位陛下别吵了，微臣活了三十九年，所作所为无愧于国家百姓，没有虚耗光阴，值了！只可怜我儿岳云，唉！

岳云：父亲大人，孩儿不悔！只恨没死于沙场，却死于奸臣阴谋！论起人生莫等闲，我父子二人可比有些皇帝、丞相强多了，哼！

秦桧：哈哈哈，岳贤侄真是年轻气盛啊！至于莫等闲，我也是呀！喏，我被金国俘虏，又达成协议回到南宋，促成高宗陛下与金国议和，还除掉你们父子这对绊脚石，对稳定南宋江山功不可没嘛！

宋孝宗（一脚踹出秦桧）：做人不能太无耻！岳将军，朕即位后给你们父子平反，积极用兵惩贪，开创"乾淳之治"，也算没有虚耗光阴，对得起社稷百姓啦！

古文小锦囊

7

少年易老学难成，
一寸光阴不可轻

原文·

少年①易老学②难成，一寸光阴③不可轻④。未觉池塘春草梦，阶前梧⑤叶已秋声。

——宋·朱熹《偶成》

五年级上册

· 出处 ·

《偶成》——南宋朱熹写的一首七言绝句。

· 注释 ·

① 少年：少年人，指青春时光。
② 学：学业。
③ 一寸光阴：指太阳的影子移动一寸所用的时间，指短暂的时间。
④ 轻：轻视，忽视。
⑤ 梧：梧桐树，落叶乔木，古人用梧桐落叶比喻秋天到来。

· 译文 ·

青春时光转瞬即逝，学业却很难获得成功；珍惜每一寸光阴吧，不要贸然轻视时间。还没从池塘生春草的美梦中醒来，台阶前的梧桐叶已在秋风吹拂下发出沙沙响声。

我是科举教材编委会委员长

小古文关键词

朱熹

姓朱名熹字元晦，还有一字叫仲晦。
南宋徽州婺源人，在今江西上饶市。
历经四朝资格老，集合理学成体系。
开创学派名紫阳，讲学草堂称晦庵。
校订四书写注释，科举用来做教材。
存世著作六百卷，世人尊我为朱子。

这首诗借用了一个典故：

池塘春草

  南北朝时期，有位文学家叫谢惠连，他的族兄谢灵运是位著名诗人。谢灵运非常欣赏谢惠连的才华，经常说，只要面对谢惠连就能写出好句子。

  据说，有一次，谢灵运在永嘉西堂（永嘉郡谢家宅邸中的一座堂屋，大概位置在今浙江省温州市市区）酝酿诗篇，想了整整一天也没有半点儿灵感，只好洗洗睡了。这一睡不要紧，他梦到了谢惠连，脑中当即涌现一句"池塘生春草"。醒来后，谢灵运连忙记下诗句。后来，他多次感叹这句诗是神仙的助力，并非他自己的语言。

  此后，人们经常用"池塘春草"的典故来形容佳句好词妙手偶得，也用来咏叹春天景色、怀念兄弟。

妙用小古文

  瞧，喜欢用池塘春草典故的，可不止朱熹一位哦！

  池塘春草谢家春，万古千秋五字新。——金·元好问《论诗三十首·二十九》

  梦中助我生池草，别后同谁饮竹林。——宋·苏辙《送千之侄西归》

  草绿池塘梦已残，西堂无复空盘桓。——清·吴麟《展园次兄遗札》

绝句:简约而不简单

古文小锦囊

绝句是一种齐言、偶句用韵的四句体诗。齐言,就是每句字数一样;偶句用韵,即把诗歌第一句或第二句的末尾字定为基本韵,逢双数句押韵;四句体指全诗共有四句。最常见的绝句有五言绝句与七言绝句。

别看绝句只有四句话,但每个字的平音、仄音都有严格规定,必须做到"律吕铿锵,句格稳顺",即读起来朗朗上口,诗句格式四平八稳。

明太祖:咦!前面不是蜀汉先主吗?

蜀汉先主刘备:幸会!原来是明太祖。唉!

明太祖:先主为啥叹气?

蜀汉先主刘备:儿子阿斗不争气啊!朕凤兴夜寐打下基业,被他断送得干干净净!亡国也就罢了,魏国太强大,形势比人强。可这不肖子当俘虏后,竟然虚度光阴只知享受,还留下个乐不思蜀的成语!唉!

明太祖:同感!您是皇叔,我朱元璋只是乡下穷小子,开创大明多不容易!有一年,我8天批阅1100多件奏折,平均每天处理事情近400件,一个时辰都不敢浪费。结果呢?我这后代明神宗朱翊钧,竟然连续30多年不上朝!从那以后,我大明国运就开始走下坡路啦!

蜀汉先主刘备:身为一国之君,却如此懒政,国势倾颓不稀罕。

明太祖:唉!惭愧!

穿越小剧场:蜀汉先主邂逅明太祖

多少事，从来急；天地转，光阴迫。一万年太久，只争朝夕

原文·

小小寰球①，有几个苍蝇碰壁。嗡嗡叫，几声凄厉，几声抽泣。蚂蚁缘槐②夸大国，蚍蜉撼树③谈何易。正西风落叶下长安④，飞鸣镝⑤。

多少事，从来急；天地转，光阴迫。一万年太久，只争朝夕。四海翻腾云水怒，五洲⑥震荡风雷激⑦。要扫除一切害人虫，全无敌。

——毛泽东《满江红·和郭沫若同志》

五年级上册

·出处·

《满江红·和郭沫若同志》——满江红为词牌名，这里是指毛泽东主席填的一首词。

·注释·

① 寰（huán）球：指地球。
② 蚂蚁缘槐：借用南柯一梦典故，形容虚妄、不实际。
③ 蚍蜉撼树：蚂蚁摇动大树，指不自量力。
④ 长安：汉、唐时都城，即今陕西省西安市。
⑤ 鸣镝：一种带哨音的箭。
⑥ 四海、五洲：四海，古人认为中国国土外有四海环绕，以"四海"泛指天下；五洲，指亚、非、美、欧、大洋洲。以四海、五洲借指天下、整个世界。
⑦ 激：猛烈。

·译文·

小小地球上，有几只苍蝇到处碰壁。它们嗡嗡直叫，声音时而凄厉，时而又像哭泣。这几个国家好似大槐树下的蚂蚁，夸耀自己有多强大，他们的行为就如蚂蚁想要撼动大树，全是痴心妄想。正是西风起、落叶纷飞、虫豸生命结束的季节，我们已射出冲锋迎战的鸣镝箭。

人间多事，匆匆过去；天地轮换，光阴紧迫。一万年太久，我们要争分夺秒、刻不容缓。世界风云变幻，正义的力量势不可当。誓要消灭一切危害人类和平的败类，正义必将胜利。

我能文能武会写诗

郭沫若

原名开贞字鼎堂，弃医从文推新诗。
时局混乱投戎去，南昌起义心系民。
研究考古甲骨文，文章考古成一派。
现代文学史学家，生平著作百万字。

小古文大典故

这首词借用了两个成语典故：

南柯一梦　蚍蜉撼树

南柯一梦：淳于棼（fén）梦到自己成为大槐安国的南柯郡太守，享尽荣华富贵。醒来才发现，大槐安国竟是他住所旁边大槐树下的蚁穴，南柯郡是大槐树南面的树枝。后形容大梦一场或虚妄的空欢喜。

蚍蜉撼树：蚍蜉，一种大蚂蚁。蚂蚁想要摇动大树，比喻不自量力。

词牌

词牌是词的格式名称，"满江红"即词牌名。词最初产生时，就像流行歌曲，每一首词都有固定旋律和节奏，被称为曲调，这种曲调就是词牌。词人们大都依据词牌调子来填词，但词牌名与词的内容不相关。

颜真卿的朋友圈

·ıllı 中　📶　12:52　100% 🔋

‹ 😃 详情

颜真卿（唐代名臣、书法家）
三更灯火五更鸡，正是男儿读书时。

❤

祖狄（东晋大将）：俺小时候，鸡一叫立马麻利地起床，去院里舞剑练武，没 天问断。
回复：闻鸡起舞难得，持之以恒更难得。每天早起几小时，一生比别人多出来好多天！
诸葛亮：我也有桩和鸡有关的少年事。我师从水镜先生读书那会儿，鸡叫时先生就下课。我揣了把米，悄悄投喂大公鸡。公鸡光顾着吃米没有按时鸣叫，这样，上课时间就延长啦！
回复：为了多挤点儿时间学习，小时候的您也是拼了！

评论　　　　　　　　😊　发送

少年中国说（节选）

原文

　　故今日之责任，不在他人，而全在我少年。少年智则国智，少年富则国富，少年强则国强，少年独立则国独立，少年自由则国自由，少年进步则国进步，少年胜于欧洲则国胜于欧洲，少年雄于地球则国雄于地球。

　　红日初升，其道大光。河出伏流，一泻汪洋。潜龙腾渊，鳞爪飞扬。乳虎啸谷，百兽震惶。鹰隼试翼，风尘吸①张。奇花初胎，矞矞皇皇②。干将③发硎④，有作其芒。天戴其苍⑤，地履其黄⑥。纵有千古，横有八荒。前途似海，来日方长。

　　美哉，我少年中国，与天不老！壮哉，我中国少年，与国无疆！

——节选自梁启超《少年中国说》

五年级上册

·出处·

《少年中国说》——清朝末年戊戌变法领袖梁启超撰写的激励人民奋发图强、振兴国家的散文。

·注释·

① 吸：合拢。
② 矞（yù）矞皇皇：繁荣、富丽堂皇的样子。
③ 干将：古代十大名剑之一，由铸剑师干将铸成。
④ 硎（xíng）：磨刀石。发硎：刚在磨刀石上磨砺好。
⑤ 苍：天空的青色。
⑥ 黄：大地的土壤色。

·译文·

所以今天的责任，不在他人身上，而是全系于我们的少年。少年智慧国家就智慧，少年富裕国家就富裕，少年强大国家就强大，少年独立国家就独立，少年自由国家就自由，少年进步国家就进步，少年胜过欧洲国家就胜过欧洲，少年称雄于世界国家就称雄于世界。

红日刚刚升起，大路洒满霞光；黄河自源头奔腾而出，倾泻千里浩浩荡荡。潜龙从深渊腾跃而起，鳞爪舞动神采飞扬。幼虎在山谷吼叫，百兽战栗恐慌。鹰隼要振翅高飞，风与尘席卷飞扬。奇花刚孕育出蓓蕾，茁壮茂盛富丽堂皇。宝剑刚磨砺好锋刃，耀眼夺目闪射光芒。头顶苍天，脚踏黄土。纵观历史，千载岁月悠远绵长；横看国土，八荒疆域辽阔雄壮。前途像大海一样宽广，未来远长且充满希望。

美丽啊，我的少年中国，与天地共存，永不衰老！雄壮啊，我的中国少年，与祖国同在，万年无疆！

梁启超

我是戊戌变法的领军人

小古文关键词

姓梁双名为启超，字卓如与任甫，公车上书反签约，戊戌变法求维新，主张史学新革命，创制散文新文体，图书馆学颇有得，辟有书斋饮冰室。

小古文大典故

这段古文衍生出一句名言：

少年强则国强

少年强则国强：少年强大，国家就强大。

17

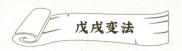

戊戌变法

古文小锦囊

清光绪帝戊戌年间实行的、仅维持百日即失败的变法，也叫百日维新。

清朝末年，西方列强对中国虎视眈眈。为救国图存，1898年（光绪二十四年戊戌年)6月，在康有为、梁启超等维新派的推动下，光绪帝颁布《定国是诏》，实施一系列维新举措。9月21日，慈禧太后软禁光绪帝并捕杀戊戌六君子（谭嗣同、康广仁、林旭、杨深秀、杨锐、刘光第），戊戌变法失败。

少年英雄交流群

甘罗：我十二岁入仕，曾游说赵王割河间五城给秦国，被秦王拜为上卿。

霍去病：不简单！秦国贤才辈出，才能灭六国统天下。我十七岁首战匈奴，受封冠军侯。此后更打得匈奴远逃漠北，不敢觊觎大汉疆土。

严嵩：点赞！汉武帝时国威昌隆，霍将军功不可没！我十九岁中举人，二十五岁中进士，文章美，书法端，官至首辅，也算英雄出少年。

霍去病：哼！你文美心不美，字端行不端，还有脸自诩英雄？

甘罗：少年强则国强，少年歪则国衰！你这种奸臣越有才华，给国家造成的危害越大！

"严嵩"已被群主移出群聊

19

夫君子之行，
　静以修身，俭以养德

20

夫①君子②之行，静以修身，俭以养德。非澹泊③无以明志，非宁静无以致远。夫学须静也，才须学也，非学无以广才，非志无以成学。淫慢④则不能励精，险躁⑤则不能治性⑥。年与时驰，意与日去，遂成枯落⑦，多不接世，悲守穷庐，将复何及！

——《诫子书》

五年级上册

· 出处 ·

《诫子书》——三国时期蜀汉丞相诸葛亮临终时写给儿子诸葛瞻的家书。

· 注释 ·

① 夫（fú）：段首语，引出下文，无实际意义。
② 君子：品德高尚的人。
③ 澹（dàn）泊：也写作"淡泊"，内心恬淡，清心寡欲。
④ 淫慢：纵欲放荡、消极怠慢。
⑤ 险躁：冒进急躁。
⑥ 治性：修养性情。
⑦ 枯落：枯枝和落叶，比喻像枯叶一样凋零，形容韶华飞逝。

· 译文 ·

君子的行为操守，以宁静修炼自身涵养，用节俭培养自身品德。不清心寡欲无法明确崇高志向，不排除干扰无法实现远大目标。学习必须静心专一，才干来源于学习，不学习就不会增长才学，没志向就不会学有所成。纵欲放荡、懈怠懒惰就不能励精图治，冒进急躁就不能修养性情。年华随时光飞驰，意志随岁月消磨。最终像枯枝落叶般凋零，对社会没有贡献，只能悲伤地守在破屋内，那时悔恨又怎么来得及呢？

小古文关键词

我是……被诫的那个儿子

诸葛瞻

复姓诸葛单名瞻，三国时期蜀汉臣。
父亲丞相诸葛亮，岳父后主刘阿斗。
卅四官拜卫将军，位高权重忧国事。
率军出战魏国兵，绵竹一战身殉国，
与子同列双忠祠。

21

这段古文衍生了两个成语：

淡泊明志　宁静致远

淡泊明志：只有看淡名利，清心寡欲，才能使志趣高洁。

宁静致远：只有心境平和，专心致志，才能有所作为。

三国将军知多少

古文小锦囊

　　诸葛瞻担任的"卫将军"这一官职始于西汉，主要职责为总领京城兵马，可以参与政务。三国时期沿用西汉、东汉官制，"将军"职衔着实不少。按品级排列，主要有大将军、骠（piào）骑将军、车骑将军、卫将军、前将军、后将军、左将军、右将军。

　　其中，大将军地位在三公之上，骠骑将军、车骑将军与卫将军居于三公之下，前、后、左、右将军又次之。

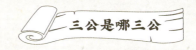
三公是哪三公

三公是古代朝廷中最尊贵的三个官职，一般指太师、太保、太傅。皇帝通常给最宠信的高级官员加以三公职衔，名号显赫却无实际职权。

穿越小剧场：诸葛瞻拜会陶渊明

陶渊明：采菊东篱下，悠然见南山，今日有客到，奉上茶一盏。

诸葛瞻：陶先生，您这盏菊花茶清香明澈，就像您这个人一样，简朴又高洁。可叹我身为驸马，一生案牍劳形、戎马倥偬，没福气过您这样的隐居生活，更别提保持淡泊和宁静了。

陶渊明：诸葛将军，淡泊与宁静可不限于隐居啊！您瞧，令尊诸葛孔明身在乱世，历经磨折，却始终心境恬淡，专注兴复汉室这一目标，堪称宁静致远的典范！再看与我同时代的大清官吴隐之。广州附近有一贪泉，官员路过都绕着走，生怕喝了它会起贪念。可吴隐之就任广州刺史时，偏偏专门去饮贪泉水，用实际行动证明了贪墨与否全在个人心念，与水一点儿关系都没有。

诸葛瞻：我明白啦！不管外界环境和个人际遇怎么变化，只要保持内心专注宁静，就能真正做到淡泊明志与宁静致远！

23

居安思危，戒奢以俭

臣闻求木之长①者，必固②其根本③；欲流之远者，必浚④其泉源；思国之安者，必积其德义。源不深而望流之远，根不固而求木之长，德不厚而思国之安，臣虽下愚⑤，知其不可，而况于明哲乎！人君当神器⑥之重，居域中⑦之大，不念居安思危，戒奢以俭，斯亦⑧伐根以求木茂，塞源而欲流长也。

——唐·魏征《谏太宗十思疏》

五年级上册

·出处·

《谏太宗十思疏》——唐朝名臣魏征（也写作魏徵）写给唐太宗李世民的奏章。

·注释·

① 长（zhǎng）：生长。
② 固：使……牢固。
③ 根本：根基和本源。本，树根。
④ 浚（jùn）：疏通，深挖。
⑤ 下愚：地位低下见识浅薄的人。这里是魏征的谦辞。
⑥ 神器：指皇位。古代认为皇帝的权力是上天赐予的，因此称皇位为"神器"。
⑦ 域中：天地之间。
⑧ 斯亦：这也是。

·译文·

　　臣听说，要想树木生长，必须稳固它的根干；要想水流长远，必须要疏浚它的源头；谋求国家安定，必须要累积道德仁义。水源不深却希望水流长远，根干不牢固却追求树木生长，道德仁义不深厚却谋求国家安定，我虽是地位低见识浅的人，也知道这是不可能的，何况圣明通达的人呢！国君担当帝王的重任，身处于天地间的至尊位置，倘若不思考安逸环境中会出现危难，不用节俭的办法去戒除奢侈，这也是砍伐根干却追求树木茂盛，堵塞水源却想要水流长远的错误想法啊。

我是敢提意见的诤臣

姓魏名征字玄成，隋唐时期巨鹿人。
隋朝末年天下乱，跟随李密归李唐。
曾为建成门下客，玄武变后被赦免。
太宗即位受重用，一生谏言数十万。
贞观盛世有功劳，逝后谥号为"文贞"，
位列凌烟阁功臣。

魏征

小古文大典故

这段古文衍生出一个成语：

戒奢以俭

戒奢以俭：奢，奢侈；俭，节俭。指用节俭的办法去戒除奢侈。

文言百变字：且

古文小锦囊

嗨，大家好！我是古文百变字团七号成员——且，百变小且就是我！

角色一

我是副词：

以为且噬己也，甚恐。（且：将要）——《黔之驴》

存者且偷生。（且：暂且）——《石壕吏》

角色二

我是**语气词**：

且何谓阁子也？（且：用在句首，相当于"夫"）——《项脊轩志》

角色三

我是**连词**：

臣死且不避，卮酒安足辞。（且：表让步，尚且）——《鸿门宴》

又有若老人咳且笑于山谷中也。（且：并列关系，一边……一边）——《石钟山记》

唐太宗魏征微信聊天记录

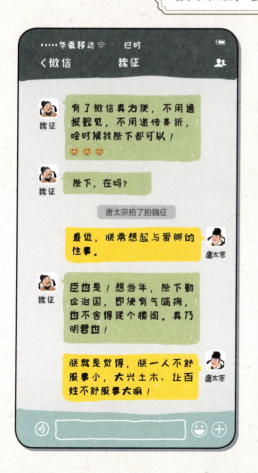

魏征：有了微信真方便，不用通报觐见，不用递传奏折，啥时候找陛下都可以！😊😊😊

魏征：陛下，在吗？

唐太宗拍了拍魏征

唐太宗：最近，朕常想起与爱卿的往事。

魏征：臣也是！想当年，陛下勤俭治国，即使有气喘病，也不舍得建个楼阁。真乃明君也！

唐太宗：朕就是觉得，朕一人不舒服事小，大兴土木、让百姓不舒服事大嘛！

魏征：可是，您巡视洛阳时，因吃住不合心意，居然好几次乱发脾气！

唐太宗：😓爱卿，你那时第一时间规劝朕，还用《谏太宗十思疏》告诉朕要戒奢以俭。后来，你又写了《十渐不克终疏》，列举朕执政以来的十个变化。朕把它刻在屏风上，时刻警醒自己。

魏征：上有所好，下必从之。您带头克勤克俭，咱大唐才能开创贞观盛世啊！

唐太宗：能有贞观盛世，爱卿功不可没。赞！

由俭入奢易，由奢入俭难

原文

公^①叹曰："吾今日之俸^②，虽举家锦衣玉食，何患不能？顾人之常情，由俭入奢易，由奢入俭难。吾今日之俸岂能常有？身岂能常存？一旦异于今日，家人习奢已久，不能顿俭，必致失所^③。岂若吾居位、去位、身存、身亡，常如一日乎？"呜呼！大贤之深谋远虑，岂庸人所及哉！

——宋·司马光《训俭示康》

五年级上册

· 出处 ·

《训俭示康》——司马光写给儿子司马康的训诫文。

· 注释 ·

① 公：指宰相张文节。
② 俸：俸禄，古代官员的工资。
③ 失所：饥寒无依靠。

28

宰相张文节曾叹息说："以我今天的俸禄，即使全家穿绫罗绸缎吃山珍海味，还怕做不到吗？只是人们通常的习惯，由节俭进入奢侈容易，由奢侈进入节俭困难。我现在的俸禄怎能长期享有？我的生命和地位怎能长期保持？如果有一天家中境况与现在不同了，而家里人习惯奢侈生活时间太长了，不能立即节俭起来，必定导致贫寒无依。哪里比得上无论我做官或不做官、活着或去世，家中用度都每天相同呢？"唉，贤德人的深谋远虑，哪里是平庸的人所能比得上的啊！

小古文关键词

我是司马光的儿子

复姓司马单名康，公休为字陕州人。
本为司马旦之子，过继叔父为亲子。
明经上第览群书，曾为《通鉴》校文字。
为人廉洁不言财，父死居庐蔬为食。
仕途平顺命不长，刚过四十即病逝。

司马康

小古文大典故

这段古文衍生出一句脍炙人口的名言：

由俭入奢易，由奢入俭难

由俭入奢易，由奢入俭难：由节俭进入奢侈容易，由奢侈进入节俭困难。

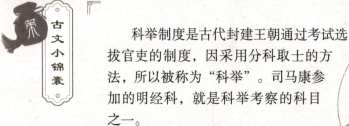

科举制度是古代封建王朝通过考试选拔官吏的制度，因采用分科取士的方法，所以被称为"科举"。司马康参加的明经科，就是科举考察的科目之一。

明经科起源于汉武帝时期。宋朝明经科主要考察大经（《礼记》《春秋左传》）中经（《诗经》《周礼》《仪礼》）小经（《易经》《尚书》《春秋公羊传》《春秋谷梁传》）等经义，以及对经义内容应用的熟练程度。明经科出身与考诗赋、策论的进士科出身相同。宋神宗熙宁四年（1071年），明经科被朝廷废止，此后直至清末，科举中不再设明经科。

穿越小剧场：司马光会王安石

司马康：时光倏忽已近千年，当年人事俱消散。我爹司马光曾与宰相王安石为变法的事儿互不理睬。如今岁月静好，二位老人家终于可以坐下聊聊天啦！挖几棵野菜，给他们下酒！

王安石：君实（司马光字君实）兄，千年不见，您还是清俭如故，招待老友不过一盘野菜、几杯淡酒。

司马光：在介甫（王安石字介甫）面前摆大鱼大肉，不是自取其辱吗？想当年您做宰相时，您儿媳家亲戚，姓萧的那个小伙子到您家做客，您也只是上了两块胡饼、四份肉。

王安石：这在我家已是大餐了！小萧这孩子，胡饼只吃中间软和的那部分，饼边统统扔掉，忒浪费！于是乎，我老人家就把他剩的饼边吃了。

司马光：您位高权重却如此节俭，佩服！

王安石：说到节俭，君实兄才是当世无双。您编修《资治通鉴》时，住处简陋至极，只好挖出一间地下室读书，被洛阳人戏称为"司马入地"。尊夫人去世，您典当了三顷地才凑足钱办妥丧事。当了一辈子官，清廉俭朴到这个程度，太不容易了！

一粥一饭，当思来处不易；
半丝半缕，恒念物力维艰

原文

一粥一饭，当思来处不易；半丝半缕①，恒②念物力③维艰④。

宜未雨而绸缪⑤，毋临渴而掘井。自奉必须简约，宴客切勿流连⑥。

器具质而洁，瓦缶⑦胜金玉；饮食约而精，园蔬逾⑧珍馐⑨。

——清·朱用纯《朱子家训》

五年级上册

·出处·

《朱子家训》——也叫《治家格言》，清朝理学家朱用纯撰写的修身、齐家心得，后成为童蒙教材。

·注释·

① 缕：麻线或丝线。
② 恒：经常。
③ 物力：物资财力。
④ 维艰：非常困难。
⑤ 绸缪（chóumóu）：缠绕，文中指修葺、修补。
⑥ 流连：留恋，舍不得。
⑦ 瓦缶：瓦器。
⑧ 逾：超过，胜过。
⑨ 珍馐：珍稀的食物。

·译文·

一碗粥，一碗饭，应当思索它们来得不容易；半条丝，半条缕，常常感念得到它们不容易。

应该趁着天没下雨时就把门、窗破损的地方修补好，不要等到口渴了才想起来去挖水井。对自己日常饮食用度必须勤俭节约，宴请宾客不要留恋不舍。器具质朴洁净就好，瓦缶器皿胜过金银玉器；饮食简约精细就好，田园蔬菜胜过珍馐佳肴。

我是写家训的朱子

双字致一号柏庐,明末清初江苏人。
隐居乡里研学问,深入浅出授理学。
朝廷延请拒出仕,知行并进严律己,
被列"吴中三高士"。

朱用纯

小古文大典故

这段古文衍生出一个成语、借用了两个成语:

物力维艰　未雨绸缪　临渴掘井

物力维艰: 物力,物资财力;维艰,非常困难。多指财物来之不易。

未雨绸缪: 趁着天没下雨,先修缮房屋门窗。指提前做好准备,预防意外事件发生。

临渴掘井: 到口渴的时候才去挖井。比喻平时不准备,事到临头才去想办法。

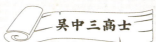

吴中三高士

古文小锦囊

指明末清初江苏一带的三位终生不做清朝官的名士。
来认识一下他们吧——
　　朱用纯:理学家,抗清殉国的明朝官员朱集璜之子,
著有《朱子家训》(又称《治家格言》)等。
　　杨无咎:学者,抗清殉国的明朝官员杨廷枢之子,著
有《谭经录》等。
　　徐枋:画家,抗清殉国的明朝官员徐汧(qiān)之子,
著有《居易堂集》等。

妙用小古文

　　勤俭始终是古人家训中谆谆叮嘱的重中之重，来看看还有哪些人的家训中提到了勤俭吧！

　　勤俭为本，自必丰亨。——后唐·吴越王钱镠《钱氏家训》

　　家俭则兴，人勤则健；能勤能俭，永不贫贱。——清·曾国藩《曾国藩家训》

　　俭则约，约则百善俱兴；奢则肆，肆则百恶俱纵。——清·左宗棠《左宗棠家书》

　　俭者，省约为礼之谓也。——南北朝·颜之推《颜氏家训》

12:16 ·ll 5G　　**勤俭群**　（在线人数 4/20）　100%

看当今华夏，人们的生活简直赛过神仙！出门有车居有屋，冬暖夏凉真舒服，鸡鸭鱼肉白米面，四季供应不短缺。
朱用纯

苏轼
前几天我回了趟杭州，苏公堤、三潭印月一如当年，可我去酒馆时……唉！

苏公何故长叹？难道西湖醋鱼不好吃了？
朱用纯

苏轼
不不，醋鱼风味更胜当年，让我感慨的，乃是邻桌二位食客。邻桌摆有四菜一汤，盘中尚余鸡、肉、鱼、菜，碗中堆有白米饭，食客却就此离席而去。我这心口啊，堵得不要不要的！

朱元璋
竟如此浪费？朕出身寒苦，深知百姓耕田织布不易。等朕当了皇帝，宴请文武百官通常只用四菜一汤。

季文子
太不应该了！我身为鲁国上卿，位高权重，衣物仅够穿，食物只饱腹。毕竟，国家强盛主要看国民品行与道德，而不看谁家奢侈享乐能挥霍。

与诸弟书

原文

　　盖①士人②读书，第一要有志，第二要有识，第三要有恒。有志则断③不甘为下流；有识则知学问无尽，不敢以一得自足，如河伯之观海④，如井蛙之窥天⑤，皆无识者也；有恒者则断无不成之事。此三者缺一不可。诸弟此时惟有识不可以骤几⑥，至于有志有恒，则诸弟勉之⑦而已。

——清·曾国藩《曾国藩家书》

36

· 出处 ·

《曾国藩家书》——晚清名臣曾国藩写给家人的书信集，收录书信近 1500 封。

· 注释 ·

① 盖：副词，用在句首，表示下面说的话带有推测性。
② 士人：文人，读书人。
③ 断：副词，表示绝对。
④ 河伯观海：出自《庄子·秋水》，河伯（黄河神）认为秋水涨时的浩荡黄河已是天下至美，直到
　　看见无边无涯的大海，才知自己见识短浅。
⑤ 井蛙之窥天：出自《庄子·秋水》，生活在井底的青蛙受居所限制，不了解井口外的广阔天地。
⑥ 骤几：很快达到。
⑦ 勉之：努力去达到。

· 译文 ·

　　士人读书，第一要有远大志向，第二要有远见卓识，第三要有恒心毅力。有志向
就绝对不会甘心沦落至微贱境地；有识见就能知晓学问无穷尽，不敢一有进步就满足，
譬如河伯观海中的黄河神，井蛙窥天中的井底蛙，都是没识见的例子；有恒心就绝对
没有干不成的事。这三种品质，缺一不可。诸位弟弟在当前的年龄，唯独识见不可速成，
至于有志向和有恒心，希望你们勉力而行，努力去做到。

小古文关键词

曾国藩

我是晚清四大名臣之一

姓曾双名为国藩，伯涵为字号涤生。
文韬武略皆出色，组建湘军筹水师，
主办洋务思维新，立德立功与立言。
死后谥号为"文正"，传世《曾文正
公集》。

这段古文传达了一个观点：

学贵有恒

学贵有恒：恒，恒心。学习最可贵的是有坚持不懈的恒心。

晚清四大名臣

古文小锦囊

　　又称晚清中兴四大名臣，分别是曾国藩、左宗棠、李鸿章、张之洞。曾国藩文才出众，战功赫赫；左宗棠平息阿古柏之乱，收复新疆；李鸿章建立西式海军北洋水师；张之洞督建卢汉铁路，创办一系列学习西方先进科学知识的新式学堂，培育了大批人才。

曾国荃：大家好，我是曾国藩的九弟曾国荃。我文有《曾忠襄公奏议》传世，武曾战功彪炳，因擅长挖战壕围城得名"曾铁桶"。

曾国藩：九弟，别表功，说正事。

曾国荃：遵命！今天，我作为特邀记者，就"坚持不懈"这个主题访谈我老哥。曾大人，您这一生戎马倥偬，政务繁杂，咋还有精力写那么多文章呀？有啥秘诀不？是比别人聪明吗？

曾国藩：无他，恒心而已。有三件事儿，不管多忙我都日日坚持：记下茶余饭后的交谈、读史书十页、写日记。至于聪明，呃……

曾国荃：我替老哥说吧！曾大人小时候，记东西有点儿慢。有一次，他有篇文章怎么也背不过，只好深夜反复诵读。当时他房里藏了一个贼，本想等老哥睡着偷点儿东西呢，结果贼都听得会背了，老哥还在读……

曾国藩：咳咳，剩下的我自己说。这个小贼愤而现身，指着我鼻子大骂我笨，还把我久背不过的文章熟背一遍，扬长而去。惭愧啊！

曾国荃：可是，老哥您没有放弃自己，依然坚持不懈，苦读不辍，终于成为一代名臣！

39

自相矛盾

原文

楚人有鬻①盾与矛者，誉②之曰："吾盾之坚，物莫能陷③也。"又誉其矛曰："吾矛之利，于物无不陷也。"或曰："以子④之矛陷子之盾，何如？"其人弗能应也。夫不可陷之盾与无不陷之矛，不可同世而立。

——《韩非子·难一》

三年级下册

·出处·

《韩非子》——战国末期韩国公子、法家代表人物韩非的著作。

·注释·

① 鬻（yù）：出售。
② 誉：夸赞，夸耀。
③ 陷：刺破，穿透。
④ 子：你的。

·译文·

楚国有位卖盾和矛的人，他夸耀自己的盾说："我的盾非常坚固，没有什么东西能穿透它！"他又夸耀自己的矛说："我的矛很锐利，无论什么东西都能刺破。"有人说："用你的矛，去刺你的盾，会怎么样？"那个人无话可答。不能刺破的盾和什么都能刺穿的矛，是不可能共同存在的。

小古文关键词

我是让韩非出使秦国的王

姬姓韩氏单名安，战国韩国末代君。乱世即位欲图强，联合赵国共抗秦。秦国势大无可抗，才知螳臂当车难。急派韩非出使秦，韩非被害无奈何。投降秦国韩国灭，秦防复国将我杀。

41

这段古文衍生出一个成语：

自相矛盾

自相矛盾：矛，进攻敌人的穿刺兵器；盾，保护自己的盾牌。形容说话做事前后抵触，无法自圆其说。

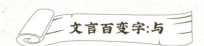

文言百变字：与

古文小锦囊

嗨，大家好！我是古文百变字团八号成员——与，百变小与就是我！

角色一

我是**连词**：

楚人有鬻盾与矛者。（与：和）——《韩非子》

角色二

我是**介词**：

沛公军霸上，未得与项羽相见。（与：和，跟）——《鸿门宴》

角色三

我是**语气助词**：

吾王庶几无疾病与？（与：表疑问）——《庄暴见孟子》

角色四

我是**动词**：

失其所与，不知。（与：亲近；依附）——《烛之武退秦师》

玉斗一双，欲与亚父。（与：给；送）——《鸿门宴》

角色五

和"孰"连用成**"孰与"**：

吾孰与徐公美？（孰与：与……相比）——《邹忌讽齐王纳谏》

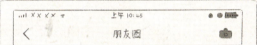

打脸动态小集锦

年轻人
我有一个伟大的理想，那就是发明一种万能溶液，它可以溶解一切物品。

20 分钟前

♥ 爱迪生、鲁迅、楚人

楚人：长江后浪推前浪，前浪死在沙滩上。想当年我有世上名锋利的矛，还有世上最坚固的盾。被韩老师写在了书上名传千古，丢人丢了 2000 多年。😂 没想到年轻人比我还要聪明！竟然还能整出万能溶液！
鲁迅：年轻人有想法啊！😎
爱迪生：What！那你想用什么器皿来盛放这种万能溶液？它不是可以溶解一切物品吗？
胡适：脸打得啪啪响，疼么？
韩非：看来我的书加印的时候得把这个"万能溶液"补上。

钱玄同
我这四十岁生日过的，没人给送生日蛋糕也就罢了，这帮朋友还在《语丝》杂志上给我打了个讣（fù）告，广而告之我死了！还写了那么多挽联、悼词！整得跟真事儿似的！怒！

---

45 分钟前

♥ 胡适、鲁迅

胡适：老钱，今儿个你生日，看没看我给你写的纪念歌？"该死的钱玄同，怎会至今未死"……
钱玄同回复：老胡你这是要闹哪样？
鲁迅：你年轻那会儿不是说，"人到四十就该死，不死也该枪毙"吗？今天你自己也四十了，作为好朋友，我们必须要配合。
钱玄同回复：多少年的事儿了，你们咋还记得！
胡适：四十该死己不死，自相矛盾有意思。
钱玄同回复：哎哟，我那会儿是针对那些顽固的封建遗老，哪里是说包括我在内的咱们这些新青年啊！

楚人
当年夫卖盾与矛，各自夸得世无双，夸来夸去夸过了，自相矛盾太丢人。

50 分钟前

♥ 韩非

楚人：啪啪打脸响！
韩非：脑子是个好东西，说话之前要三思。
楚人回复：韩老师，恩人啊！您把我丢人事儿写进书里！现在我家的矛和盾供不应求，嘿嘿！当然，以后我再不会犯自相矛盾的错误啦！
韩非回复：😓

杨氏之子

·原文

　　梁国杨氏子九岁，甚聪惠①。孔君平诣②其父，父不在，乃呼儿出。为设③果，果有杨梅。孔指以示儿曰："此是君④家果。"儿应声答曰："未闻孔雀是夫子家禽。"

——《世说新语·言语》

44

·出处·

《世说新语》——南朝宋临川王刘义庆组织编纂的、记载了东汉及魏晋时期名士轶事的笔记小说集。

·注释·

① 惠：同"慧"，聪慧。
② 诣：拜见。指去上级或尊长处拜访。
③ 设：摆放，摆设。
④ 君：你，对对方的尊称。

·译文·

梁国姓杨的人家有一个九岁的儿子，非常聪慧。一天，孔君平来拜访他的父亲，恰巧他父亲不在家，于是，孔君平就把这个男孩叫了出来。孩子摆放水果招待他，水果中有杨梅。孔君平指着杨梅给孩子看，说："这是你家的水果。"孩子马上回答说："我可没听说过孔雀是先生您家的鸟。"

小古文关键词

我是与杨氏子对答的人

孔君平

姓孔名坦字君平，孔子二十六代孙。晋元帝时建贡举，官至廷尉掌刑法。谥赠"简"字光禄勋，世人称我孔廷尉。

我是喜爱文学的皇室宗亲

刘义庆

双名义庆字季伯，南朝徐州彭城人。南朝宋国武帝侄，爱好文史袭王爵。广蓄门客编《世说》，英年早逝谥号"康"。

小古文大典故

《世说新语》中还有很多对谈的故事，咱们来看一则——

东晋时期，南郡公桓玄与荆州都督殷仲堪等人说笑聊天，每人说一句"危语"（用一句话形容危险的事）。桓玄说"矛头淅米剑为炊"（用矛头淘米，用剑烧火，形容战况紧急随时有敌来袭，只能用兵器做饭），殷仲堪说"百岁老翁攀枯枝"，顾恺之说"井上辘轳卧婴儿"。殷仲堪帐下一位参军恰好在座，凑兴说了句"盲人骑瞎马，夜半临深池"，殷仲堪立马不高兴了，说："太让人难堪了！"原来，殷仲堪盲了一只眼睛，听了参军的话觉得很刺心。

后来，人们用"盲人瞎马"来比喻盲目行动的后果十分危险。

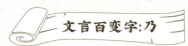

文言百变字:乃

古文小锦囊

嗨，大家好！我是古文百变字团九号成员——乃，百变小乃就是我！

角色一

我是**副词**：

乃呼儿出。（乃：就）——《世说新语》

今其智乃反不能及。（乃：竟）——《师说》

乃知震之所在。（乃：才）——《张衡传》

角色二

我是**连词**：

乃使蒙恬北筑长城而守藩篱。（乃：于是，就）——《过秦论》

角色三

我是**判断词**：

当立者乃公子扶苏。（乃：是）——《陈涉世家》

角色四

我是**代词**：

家祭无忘告乃翁。（乃：你的）——《示儿》

孔君平：贤侄还记得不？你九岁那年，因为一颗杨梅，怼得我无言以对，真是聪明机变啊！

杨家子（十九岁）：夫子您过奖了，论起聪明机变，我和三国时的诸葛恪差远啦！诸葛恪小时候，跟随父亲诸葛子瑜去吃大餐。请客的东吴国君孙权嘲笑诸葛子瑜脸长，当众让侍从牵来一头驴，驴脸上贴了一个标签，上面写着"诸葛子瑜"。诸葛恪随即拿起笔墨，在下面又添了"之驴"俩字，改成了"诸葛子瑜之驴"。

孔君平：对对，这件事我也知道，孙权对诸葛恪大加赞赏，还把驴赏给了他！

杨家子：您瞧，人家诸葛恪聪明机变，就得了头驴，您夸我聪明机变，可也没送我只孔雀吧？

孔君平：……

君子喻于义，小人喻于利

原文

子曰："君子喻①于义②，小人喻于利③。"

——《论语·里仁》

· 出处 ·

《论语》——孔子的弟子及再传弟子记录孔子及其弟子言行的书。

· 注释 ·

① 喻：注重，懂得。
② 义：道义。
③ 利：利益。

· 译文 ·

孔子说："君子注重道义，普通人注重利益。"

小古文关键词

曾参

我是孔子学生，承孔启孟的宗圣

姓曾名参字子舆，春秋时期鲁国人。父子同拜孔子师，深研孔学颇有得，曾经指导孟子师。上承孔学下启孟，配享孔庙受敬仰。著写《大学》与《孝经》，后世尊我为"宗圣"。

除了"义",孔子口中的"君子"还注重什么呢?咱们来看一则关于君子德行的言论吧——

子曰:"君子怀德,小人怀土;君子怀刑,小人怀惠。"——《论语》

孔子说:"君子关心的是道德,普通人关心的是乡土;君子关心的是法度,普通人关心的是恩惠。"

文言百变字:于

古文小锦囊

嗨,大家好!我是古文百变字团十号成员——于,百变小于就是我!

角色一

我是**介词**:

青,取之于①蓝而青于②蓝。(①于:从;②于:表比较,比)——《劝学》

而耻学于师。(于:向)——《师说》

于其身也,则耻师焉。(于:对于)——《师说》

故燕王欲结于君。(于:与)——《廉颇蔺相如列传》

此非曹孟德之困于周郎者乎?(于:被)——《赤壁赋》

荆国有余地而不足于民。(于:在……方面)——《公输》

移其粟于河内。(于:到)——《寡人之于国也》

角色二

和"是"连用成**于是**:

于是秦王不怿(yì),为一击缶(fǒu)。(于是:表承接或因果,用法与现代汉语"于是"相同。)——《廉颇蔺相如列传》

于是宾客无不变色离席。(于是:在这时)——《口技》

吾祖死于是,吾父死于是。(于是:在这)——《捕蛇者说》

孔子：君子喻于义，小人喻于利。义与利哪个轻哪个重？谁能来个现身说法？

曾参：大胆连线不要怕，答错不挨熊。

嘟嘟嘟——

孟尝君、冯谖提出连线申请。

孟尝君已接通。

孟尝君（战国四君子之一）：夫子好！说到"义"与"利"，我深有感触！我记得我有钱有地位那会儿，家里养的门客那叫一个多！门客中有位挺个性的家伙叫冯谖，没事儿就弹着长剑唱歌，要吃鱼要坐车要涨工资奉养老娘，得，我都满足他！结果，我让他去薛地帮我讨债，他倒好，把所有债户的债券都烧了，给我讨了个空空如也回来！

曾参：噢？这是为何？

孟尝君：他说他为我买了"义"。我乍一听，差点气炸肺，不过也没办法，只好不了了之！一年后我仕途不顺，被迫搬到薛地去住。到那儿一看，百姓们夹道欢迎，那叫一个亲热！我这时才感受到，冯谖为我买来的人心道义多么珍贵！

曾参：下面有请冯谖同学做补充说明。

冯谖已接通。

冯谖：夫子好！那会儿我在孟尝君门下时，他是真风光，金钱地位应有尽有，溜须拍马的人络绎不绝。可金钱换来的繁华统统都是虚的，钱没了啥都没了，哪有道义品德换来的人心长久！所以呀，我干脆烧了薛地老百姓的债券，帮他建立起威望名声！

孔子：身处浮华却能洞察世情，知晓义大于利、义久而利不久的道理，有眼光！

君子坦荡荡，小人长戚戚

·原文·

子曰："君子坦荡荡，小人长戚戚①。"

——《论语·述而》

·出处·

《论语》——孔子的弟子及再传弟子记录孔子及其弟子言行的书。

·注释·

① 戚戚：忧愁的样子。

·译文·

孔子说："君子心胸宽宏坦然，普通人却经常忧愁、患得患失。"

我是孔门十哲之一

小古文关键词

子路

本名仲由有二字，一字子路一季路。性格刚直武力强，曾经污言辱孔子。孔子对我善诱导，身着儒服入孔门。跟随我师游列国，后为卫国孔悝用。卫国大乱救孔悝，乱中冠缨被击落。君子能死冠不免，结缨时候被击杀。位列十哲七十二贤，二十四孝亦有我。

我也是孔门十哲之一

姓闵名损字子骞，春秋时期鲁国人。
出身寒苦幼丧母，后母芦花做棉服。
亲父大怒欲休妻，闵损跪求孝名扬。
位列十哲七十二贤，二十四孝亦有我。

闵子骞

小古文大典故

除了心胸坦荡，孔子口中的"君子"还有什么美好品格
呢？咱们再来看一则关于君子德行的言论吧——

子曰："君子和而不同，小人同而不和。"

孔子说："君子讲求和谐而不是盲从，小人一味盲从而不是和谐。"

孔门七十二贤

古文小锦囊

孔门七十二贤指孔子的七十二名弟
子。《史记》称孔子弟子"盖三千焉，
身通六艺者七十有二人"，即孔子的
弟子大概有三千人，兼通礼、乐、射、
御、书、数六艺的有七十二名。

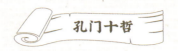

孔门十哲

　　指孔子门下的十位学生。比起其他弟子，他们在德行、言语、政事、文学方面的成就十分突出。他们分别是：

　　德行：颜渊（颜回）、闵子骞、冉伯牛（冉耕）、仲弓（冉雍）；

　　言语：宰我（宰予）、子贡（端木赐）；

　　政事：冉有（冉求）、季路（仲由）；

　　文学：子游、子夏（卜商）。

54

颜渊：我特知足，弹弹琴、学学老师的道理就非常快乐，不追求俗世的功名利禄。

闵子骞：我会处理家庭关系，与亲爸后妈异母弟的关系都很好，人们都夸我是个孝子。

冉伯牛：我擅长待人接物，人缘好威望高，可惜寿命短了点儿。

仲弓：我处理政务有一套，老师夸我是当卿大夫的材料。

宰我：我爱思考爱提问，老师对我又爱又气，曾批评我"朽木不可雕也"。

子贡：我会说话，懂理财，曾担任鲁、卫两国的相国，人们视我为儒商鼻祖。

冉有：我多才多艺长袖善舞，老师赞我才艺出众，从政没啥困难。

子路：我武艺高又讲义气，曾保护老师周游列国。

子游：我来自南方吴地，老师感叹有了我，孔门学说才能传入南方地区，人们称我为"南方夫子"。

子夏：我是才气纵横的孔门高才生，注重当世过于古礼，老师告诫我要多遵循仁和礼，别变成"小人儒"。

恻隐之心，仁之端也

·原文·

恻隐之心[1]，仁之端[2]也；羞恶之心，义之端也；辞让之心，礼之端也；是非之心，智之端也。人之有是四端也，犹其有四体[3]也。

——《孟子·公孙丑上》

五年级下册

·出处·

《孟子》——由孟子和他的学生编写，记载了孟子的言行及思想。

·注释·

① 恻隐之心：同情之心。
② 端：开始。
③ 四体：四肢。

·译文·

同情之心，是仁的开始；羞耻之心，是义的开始；谦让之心，是礼的开始；是非之心，是智的开始。人性中具备这四种开端，就像人有四肢一样。

小古文关键词

我是与孟子生死不离的学生

万章

终生追随孟子侧，老师失意我相陪。
与师同研诗书意，共著《孟子》七章整。
后人为我修墓茔，安墓邹城西南处。
从祀孟庙西侧屋，北宋追封博兴伯。

恻隐之心

恻隐之心：恻隐，表示同情。形容对别人的遭遇寄予同情。

儒家"五常"

古文小锦囊

　　儒家五常指的是"仁""义""礼""智""信"五种品德，被视为做人起码的道德标准。"五常"由孔子、孟子和西汉大儒董仲舒共同完善而成，孔子提出"仁、义、礼"，孟子完善成"仁、义、礼、智"四端，董仲舒又增加"信"，形成五常之道。

仁

礼

义

智

信

万章
上午 8 点整，老师怎么还没打卡分享？

公孙丑
@孟子　老师，今天给我们讲啥？

孟仲子
@万章 @公孙丑　你俩有意思吗？老师就不兴睡个懒觉？先都自学去！

不好意思，为师起晚了。昨儿个读了李煜的《虞美人》，里面有句"春花秋月何时了（liǎo），往事知多少"，让我忍不住照样写了一句。
孟子

万章
写的啥？快让我们学学呗！

公孙丑
就是就是！

孟仲子
期待期待！

千载岁月过去了，恻隐之心知多少？徒儿们，为师一想起恻隐之心的美德故事，比如屈原流米（屈原小时候把家里的米倒入石缝，假装是石头流出米来救济百姓），比如羲之卖扇（王羲之在贫苦老婆婆卖的扇子上题字，帮她卖扇子），就觉得心潮澎湃，激动得睡不着觉。
孟子

孟仲子
说起恻隐之心，老师您的事迹就已经很多啦！

万章
就是呀，您对百姓苦难感同身受，告诉梁惠王，孔子提过制作俑来殉葬忒缺德，国库充盈却眼看着老百姓饿死，性质和"始作俑者"一样恶劣，更缺德。

公孙丑
我记得这位梁惠王！您还跟他说，同样是逃跑，跑了五十步的逃兵笑话跑了一百步的，太不对了。您借这故事劝谏梁惠王，既然声称爱惜百姓，就不要总想着打仗。

可惜呀，咱们所处的战国时期，诸侯纷争，征伐不断，诸侯王们为争地盘打红了眼，我的劝谏基本没起作用呀！
孟子

恻隐之心知多少

59

图书在版编目（CIP）数据

课本里的小古文 ／ 杨宏丽主编． --济南：山东友谊出版社，2021.4

ISBN 978-7-5516-2315-5

Ⅰ.①课… Ⅱ.①杨… Ⅲ.①文言文－小学－教学参考资料 Ⅳ.①G624.203

中国版本图书馆CIP数据核字（2021）第060775号

课本里的小古文

KEBEN LI DE XIAO GUWEN

策划编辑：王 震

责任编辑：肖 静 肖 杉

主管单位：山东出版传媒股份有限公司

出版发行：山东友谊出版社

地址：济南市英雄山路189号 邮政编码：250002

电话：出版管理部（0531）82098756

市场营销部（0531）82098035（传真）

网址：www.sdyouyi.com.cn

印 刷：鹤山雅图仕印刷有限公司

开本：778mm×491mm 1/12

印张：20 字数：300千字

版次：2021年4月第1版 印次：2021年4月第1次印刷

定价：210.00元（全4册）

第四册

课本里的小古文

杨宏丽 主编

山东友谊出版社·济南

序 >>>

　　书声琅琅，开卷有益；文以载道，继往开来。迄今为止，汉字是世界上使用时间最长的文字。更让我们骄傲的，是自汉字诞生以来，先贤们用妙笔写就的美文。

　　文言文中的名篇，或议论，或叙事，或抒情，语言优美、韵律工整、音调和谐，且包含了古人的生活、情感、精神、智慧、哲学内涵，折射出历代的社会制度、文化意蕴、宗教礼俗、意识形态等特征，是一笔非常宝贵的文化遗产。这些美文经历了时间的考验，至今读来，依然让人唇角含香，余味无穷。爱上小古文，无关功利，意在文化。诵读小古文，意义不仅仅在于让孩子们切身感受到汉语严密的逻辑性、生动的形象性和灵动有味的抒情性，更在于在孩子们心中打下受用一生的中国优秀传统文化的底子，引发他们对祖国语言和历史文化的自觉接受。

　　我们编写的这套《课本里的小古文》，力求通过生动活泼的形式，让孩子们在轻松愉悦的学习过程里体会古文名篇里积淀的文字美，韵律美，哲思美，意境美……

　　来吧，孩子们，让我们一起大声读起来。

杨宏丽

目 录

多行不义，必自毙

原文

祭仲①曰："都②城过百雉③，国之害也。先王之制：大都不过参国之一④，中五之一，小九之一。今京⑤不度⑥，非制也，君将不堪。"公曰："姜氏欲之，焉辟害⑦？"对曰："姜氏何厌⑧之有！不如早为之所⑨，无使滋蔓，蔓，难图也。蔓草⑩犹不可除，况君之宠弟乎！"公曰："多行不义，必自毙，子姑待之。"

——《左传·郑伯克段于鄢》

五年级下册

·出处·

《左传》——又称《春秋左传》，春秋末期鲁国左丘明为解释《春秋》而作。详细记载了春秋时期的历史人物和事件，是中国现存最早的编年体史书。

·注释·

① 祭（zhài）仲：郑国大夫。祭为氏，是他的食邑，在今河南中牟祭亭。
② 都：都邑。
③ 雉（zhì）：古代量词，长三丈、高一丈为一雉。百雉指城墙长度超过三百丈。
④ 参（sān）国之一：参，同三；国，国都。国都的三分之一。
⑤ 京：京邑，共叔段的封地。
⑥ 度：法度。
⑦ 辟害：辟，同避，躲避。躲避祸害。
⑧ 厌：满足。
⑨ 早为之所：所，处所。即及早处置。
⑩ 蔓草：生长力旺盛的野草。

·译文·

祭仲说："都邑的城墙超过三百丈，是国家的祸害。先王旧制，大的都城面积不能超过国都的三分之一，中等的不超过五分之一，小的不超过九分之一。现在京邑大小不合法度，违反旧制，会使您受不了。"庄公说："姜氏要这么做，我如何能躲避祸害呢？"祭仲说："姜氏怎么会满足呢！不如及早处置共叔段，不让他的势力滋长蔓延。一旦蔓延就难以图谋。茂盛的野草都除不掉，何况您受宠的弟弟呢？"庄公说："不仁义的事做多了，必然会自取灭亡，您姑且等着看吧。"

小古文关键词

我是偏心老娘

姜氏

申国女儿本姓姜，嫁至郑国生二子。
长子庄公脚先出，取名寤生心不喜。
之后得子共叔段，爱幼厌长心眼偏。
为段谋求封京邑，幼子势大起兵反。
计划内应迎幼子，庄公伤心将我逐。
庄公发誓黄泉见，后又思母掘地道。
母子地道相见欢，自此和谐乐陶陶。

小古文大典故

这段古文衍生出一个成语：

多行不义必自毙

多行不义必自毙：坏事干多了，一定会自取灭亡。

文言百变字：焉

古文小锦囊

嗨，大家好！我是古文百变字团十一号成员——焉，百变小焉就是我！

角色一

我是**疑问代词**：

焉辟害？（焉：哪里，怎么）——《左传》

6

角色二

我是**代词**：

犹且从师而问焉。（焉：之）——《师说》

角色三

我是**语气助词**，站位形容词词尾：

囷囷（qūn）焉。（焉：……的样子）——《阿房宫赋》

句末无意义：

于是余有叹焉。（焉：无意义）——《游褒禅山记》

反诘语气：

万钟于我何加焉！（焉：呢）——《孟子》

角色四

我是**兼词**：

积土成山，风雨兴焉。（焉：于此；于之）——《劝学》

穿越小剧场：胡作非为擂台赛

擂主：共叔段

共叔段：我妈爱我，我哥让我，我这小
日子倍儿滋润！本来和我妈说
好，娘俩里应外合干掉我哥，
我来当国君，可惜功亏一篑！

夏桀：典型妈宝男！瞧我，挖大坑，注美酒，看人醉死池中；
搂妹（mò）喜，赏撕帛，放饿虎于闹市。看别人
痛苦，我才痛快！虽被成汤打败，也算不枉此生！

祭仲：我呸！你俩一个不遵守做弟弟的本分，一个不履
行当国君的责任，多行不义自取灭亡，居然还以
耻为荣比赛谁更胡闹，还要不要脸了？

人有耻，则能有所不为

原文

人须是有廉耻。孟子曰："耻之于人大矣！"耻便是羞恶之心。人有耻，则①能有所不为。今②有一样人③不能安贫，其气④销屈⑤，以至立脚不住，不知廉耻，亦何所不至！

——《朱子语类》

五年级下册

· 出处 ·

《朱子语类》——朱熹和他的学生问答语录集。

· 注释 ·

① 则：就。
② 今：现在。
③ 一样人：一些人。
④ 气：正气，指代道德廉耻心。
⑤ 销屈：销蚀殆尽，一点儿不剩。

8

　　一个人必须要有羞恶(wù)之心。孟子说："知耻是人的大事！"耻便是羞恶之心。人有了羞恶之心，才能知晓哪些违背道义的事是不该做的。现在有一些人不能安于贫困，把自己的正气销蚀殆尽，以至于站不稳立场犯下错误，不知廉耻，还有什么事情做不出来呢！

小古文关键词

我是朱熹学生，亦生亦友的那种

姓蔡双名为元定，季通为字号西山。师事朱熹共论道，探究义理博览书。不求名利不入仕，潜心著述研学问。理学定伪贬道州，不改初心坦然行。理、数相合扬理学，被誉"朱门领袖"人。

蔡元定

小古文大典故

这段古文借用了一个典故：

有所不为

有所不为：最早出自《论语·子路》"狂者进取，狷者有所不为也"，意思是有些事是绝对不会做的；后来多指不做违背道义的事。

文言百变字：所

嗨，大家好！我是古文百变字团十二号成员——所，百变小所就是我！

角色一

我是**助词**，

与动词组成"所"字结构，变成名词性短语"所……的"：

有所不为。（所：所……的事）——《朱子语类》

而人之所罕至焉。（所：所……的地方）——《游褒禅山记》

与"为"呼应，组成"为……所……"被动句式：

嬴闻如姬父为人所杀。（所：被……所……）——《信陵君窃符救赵》

角色二

与"以"组成**复音虚词"所以"**：

亲贤臣，远小人，此先汉所以兴隆也。（所以：……的原因）——《前出师表》

师者，所以传道受业解惑也。（所以：……是用来）——《师说》

角色三

我是**名词**：

某所，而母立于兹。（所：地方。）——《项脊轩志》

有所不为，为无不成，是以英雄之主常无敌于天下。——宋·陈亮《酌古论·先主》

然则有所不为，亦将有所必为者矣；既云进取，亦将有所不取者矣。——《后汉书》

人有不为也，而后可以有为。——《孟子·离娄下》

宋仁宗：很多人羡慕皇帝，觉得皇帝随心所欲，其实，皇帝也不是想干啥就能干的啊！

包拯：陛下何出此言？

宋仁宗：想当年，朕最最心爱的女人，张贵妃，要给她表叔张尧佐求个官职，本来朕都答应了，给他个宣徽使当当，可第一次廷议没通过，第二次你力谏不可，这事儿就黄了。

包拯：唔，这事阻止得对。君子嘛，尤其陛下您又是君临天下的天子，理应有所不为。想那张尧佐能力不足，怎能委以重任？

宋仁宗：唉！廷议不过也就罢了，让朕郁闷的是包爱卿你啊！你竟然"反复数百言，音吐愤激"，举了好几百条不同意的理由，越说越激动，还喷了朕一脸唾沫！

包拯：呵呵，这是臣应当应分的。不过，陛下也算任性了，张贵妃去世时，明明曹皇后还在世，您却不顾律法和朝臣反对，追封张贵妃为温成皇后，导致咱大宋朝廷出了件亘古未闻的稀罕事儿——一生一死两皇后！

宋仁宗：……

11

鞠躬尽瘁，死而后已

原文

夫难平①者，事也。昔先帝败军于楚②，当此时，曹操拊手③，谓天下以定④。然后先帝东连吴、越，西取巴、蜀，举兵北征，夏侯授首⑤；此操之失计，而汉事将成也。然后吴更违盟，关羽毁败，秭归⑥蹉跌，曹丕称帝；凡事如是，难可逆见。臣鞠躬尽瘁，死而后已。至于成败利钝⑦，非臣之明所能逆睹⑧也。

——三国·诸葛亮《后出师表》

出处

《后出师表》——蜀汉第一次北伐失败后，诸葛亮写给后主刘禅的陈述军事形势、表明自身志向的书信。

① 平：同"评"，评判断定。
② 楚：指属于古楚地的当阳长坂。
③ 拊（fǔ）手：拍手。
④ 以定：以，同"已"。已成定局。
⑤ 授首：交出头颅，指被杀。
⑥ 秭归：今湖北宜昌北。
⑦ 利钝：顺利与困难。
⑧ 逆睹：预见，预料。

·译文·

　　所有事情中最难以判断的，是战事。当初先帝兵败于楚地当阳长坂，那时候，曹操拍手称快，以为天下大事就此成定局。但是，后来先帝东面与孙吴联合，西面取得巴蜀之地，出兵北伐，打败并斩首夏侯渊；这是曹操没有算计到的，眼看兴复汉室的大业就要成功。但是，后来孙吴又违背盟约，关羽战败身亡，先帝伐吴在秭归遭遇失败，曹丕废汉称帝；任何事都是这样，难以预料。臣下恭敬效劳竭尽全力，至死罢休。至于复兴大业究竟是成功还是失败，是顺利还是困难，那不是臣下的才智所能够预见到的。

小古文关键词

我处在"汉室将成"而未成的转折点

关羽

姓关名羽字云长，还有一字为长生。
三国时期蜀国将，骁勇忠义少败绩。
不贪富贵离曹营，水淹七军震华夏，
麦城败走死吴手。刘禅追谥壮缪侯，
后人称我为"武圣"。

这段古文衍生出了一个成语：

鞠躬尽瘁

鞠躬尽瘁：鞠躬，小心谨慎；瘁，劳累。指用尽全力，奉献出一切。

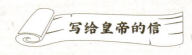

写给皇帝的信

古文小锦囊

古代人把大臣写给皇帝的信统称为奏议。按照表达内容，奏议类文章大致可分为四类："章以谢恩，奏以按劾，表以陈情，议以执异"（《文心雕龙·章表》）——

章：感谢信。皇帝赐给官员东西、品级等，大臣们要上一封章谢谢皇帝。

奏：举报信。哪位官员犯了错，被抓住小辫子，有些官员会写奏呈给皇帝，狠狠告他一状！当然，还要附上真凭实据。

表：抒情信。臣下写给皇帝表述内心感情的信。比如，诸葛亮的前、后出师表，陈述了他忠君报国的情怀。

议：辩论信。官员们对皇帝的命令有不同意见的，可以写成议去反驳。

除章、奏、表、议外，臣子给皇帝提建议的文体还有"疏"。比如魏征的《谏太宗十思疏》，就有理有据地向唐太宗提出了十条意见。

穿越小剧场：顾炎武访谈录

顾炎武：助力抗清终不成，身为明臣不仕清。此等无奈古今同，访谈先贤慰我心。
诸葛武侯，您写《后出师表》时，是否已预知兴复汉室希望渺茫？

诸葛亮：天下形势变幻莫测，我汉室确实不占优势，我唯有鞠躬尽瘁死而后已，即便大业不成，也能无愧于心！

顾炎武：文丞相，您家世优越，富贵满堂，却在元军节节进逼时散尽家财招募义军，于宋室流亡逃难之际受命丞相一职，难道您不知元、宋实力悬殊，宋室灭亡已成定局吗？

文天祥：我怎不知！但人生自古谁无死，我为保家卫国，鞠躬尽瘁竭尽全力，死虽有憾，却从不后悔！

捐躯赴国难，视死忽如归

· 原文 ·

白马饰金羁①，连翩西北驰。借问谁家子，幽并②游侠儿。少小去乡邑，扬声沙漠垂。宿昔秉良弓，楛矢③何参差④。控⑤弦破左的，右发摧月支⑥。仰手接飞猱⑦，俯身散马蹄。狡捷过猴猿，勇剽若豹螭⑧。边城多警急，虏骑数迁移。羽檄⑨从北来，厉马登高堤。长驱蹈匈奴，左顾凌⑩鲜卑。弃身锋刃端，性命安可怀？父母且不顾，何言子与妻！名编壮士籍，不得中顾私。捐躯赴国难，视死忽如归！

——三国·曹植《白马篇》

· 出处 ·

《白马篇》——又名《游侠篇》，是三国文学家曹植少年时期写的一首乐府诗。

· 注释 ·

① 羁：马络头。
② 幽并（bīng）：幽州和并州，辖区在今河北、山西及陕西部分地区。
③ 楛（hù）矢：用楛木做的箭矢。
④ 参差：很多箭矢放在箭壶中的样子。
⑤ 控：引，拉开。
⑥ 月支、马蹄：箭靶上贴的射贴。
⑦ 猱：善攀缘的猿类。
⑧ 螭：传说中像龙的猛兽。
⑨ 羽檄：檄，用于征召的军事文书。羽檄，插羽毛的文书，一般用于紧急军情。
⑩ 凌：用武力征服。

　　雪白骏马佩戴着金色鞍具，奋蹄奔腾向西北驰去。马上骑士是谁家儿郎，原来是幽并地区的勇敢少年。年纪轻轻离别家乡，在大漠边疆建功立勋。夜晚白天都握持良弓，箭壶中盛满箭矢。拉开弓弦向左右射击，箭箭得中靶心。扬手射中敏捷若飞的猕猿，俯身射破箭靶。身手敏捷赛过猿猴，勇猛彪悍如同豹螭。边境军情紧急，入侵者逐步向疆土逼近。告急信从北方频频传来，少年催战马跃上高堤。随大军长驱直入匈奴，回师又横扫鲜卑。面对刀锋舍生忘死，没有将性命安危放在心上。对父母尚且无法尽孝，更别提照顾儿女妻子！姓名既已列入军籍，心中就无法顾念私利。为救国难奋勇献身，看待死亡好似回家。

小古文关键词

曹植

> 我是名满天下的大才子

> 姓曹名植字子建，父亲曹操兄曹丕。十五随父征海贼，北上柳城南新野。任意妄为失父宠，兄长曹丕成世子。兄即位后打压我，受封陈王不得用。仕途不畅文途顺，建安文学集大成，父兄并称为"三曹"。

小古文大典故

这首诗借用了一个成语：

视死如归

视死如归：归，回家。把死亡看得好像回家一样，指为了正义事业不怕牺牲。

汉乐(yuè)府

汉武帝时，重建秦朝设置的乐府。乐府将收集到的民间歌谣、文人诗配乐演奏。人们把乐府搜集的诗歌称为"歌诗""汉乐府"。后世文人模仿乐府形式创造的诗也称"乐府诗"。

三曹

三曹指曹操、曹丕和曹植，父子三人均在文学上有深厚造诣。

曹植：父亲，我自幼就渴望像大汉名将霍去病那样，纵横漠北，打退外敌，在匈奴腹地狼居胥山封禅。而我少年时随您四处征战，拼死厮杀，后又领大军征讨洛阳以西地区凯旋。您对我究竟哪里不满意，竟立哥哥曹丕为世子？

曹操：封狼居胥，好大的志向！你也确实文武双全，惊世绝艳。但那年我东征孙权，命你留守邺城，你却醉酒误事，纵车马奔驰在只有皇帝能走的御道上！

曹植：我……

曹操：志大才疏也就罢了，可你偏偏志大才高，又行为放诞，我怎能放心把基业交托于你？

曹植：……

19

祖宗疆土，当以死守，不可以尺寸与人

原文 ·

钦宗即位，纲上封事，谓："方今中国势弱，君子道消，法度纪纲①，荡然无统。陛下履位之初，当上应天心，下顺人欲。攘除②外患，使中国之势尊；诛锄内奸，使君子之道长，以副③道君皇帝④付托之意。"召对延和殿，上迎谓纲曰："朕顷在东宫，见卿论水灾疏，今尚能诵之。"李邺⑤使金议割地，纲奏："祖宗疆土，当以死守，不可以尺寸与人。"钦宗嘉⑥纳，除⑦兵部侍郎。

——《宋史·李纲传》

·出处·

《宋史》——由元朝丞相脱脱等编纂的宋朝正史。

·注释·

① 法度纪纲：指国家法规、纪律及人们约定俗成的道德规范。
② 攘除：排除，除掉。
③ 副：同"符"，符合。
④ 道君皇帝：指宋徽宗。宋徽宗逊位于宋钦宗后，称道君皇帝。
⑤ 李邺：曾担任北宋的通问金国使，于高宗建炎三年（1129 年）投降金国。
⑥ 嘉：嘉许，称赞。
⑦ 除：拜官授职。

·译文·

　　宋钦宗即位，李纲上密封奏章，说："当今国势减弱，君子之道消亡，法度纪纲荡然无存。陛下即位之初，应当上应天意，下顺民心。除掉外族祸患，使国势强盛；铲除奸佞小人，使君子之道得以弘扬长远，以这些做法来符合道君皇帝把皇位禅让于您的重托。"钦宗宣召李纲到延和殿奏对，钦宗主动上前迎着李纲说："我不久前在东宫当太子时，看见你论述水灾的奏疏，至今还能背诵出来。"李邺出使金国商议割地事宜，李纲上奏说："祖宗留下的疆域国土，应以死相守，不可有一尺一寸送与他人。"钦宗嘉奖李纲并接纳了他的观点，授李纲为兵部侍郎。

小古文关键词

我是坚不求和的抗金名臣

姓李名纲字伯纪，北宋常州无锡人。靖康金兵侵汴梁，带领军民退金兵。坚不求和遭罢免，驱逐出京无实权。我走金兵再围京，钦宗召我为时晚。北宋灭亡随南宋，启用为相不久免。一生力主抗金兵，壮志未酬病中逝，追赠少师谥忠定。

李纲

这段古文表达的含义与一个成语相近：

寸土不让

寸土不让：一寸土地也不让给敌人。形容对敌斗争毫不退让。

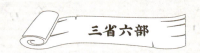
三省六部

古文小锦囊

李纲担任的兵部侍郎，属于三省六部中的兵部。咱们来看看什么啥是三省六部：

三省：国家最高政务机构。

中书省：负责决策，最高长官为中书令。

门下省：负责审议，最高长官为侍中。

尚书省：负责执行，最高长官为尚书令。

六部：尚书省辖管的六个部门。

吏部：负责官吏任命与考核。

户部：负责土地户口、赋税财政等。

礼部：负责典礼、学校、科举等。

兵部：负责军事。

刑部：负责司法、刑狱。

工部：负责工程营造、水利等。

六部制从隋唐一直沿用到清末，最高负责人为 × 部尚书，第二负责人称 × 部侍郎。

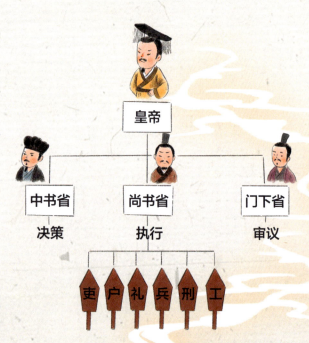

李纲：生前恨见国沦亡，二帝被俘哭断肠。而今穿越到清朝，
　　　且看世道怎么样。

滚滚黄沙，大军中，士卒们抬着一口棺材。

李纲：老将军，军队要去何方？
左宗棠：唉！沙俄侵我新疆伊犁，我正率大
　　　　军前往，誓要收复失地，扬我国威！
李纲：您这棺材是……
左宗棠：哼！朝中那几个软骨头主张割让新
　　　　疆向沙俄求和，我偏要抬棺明誓，表
　　　　明即便战死沙场，我国疆土也"尺寸不可
　　　　让人"！

李纲：好！好！仁人志士的气节不灭，风骨长存，即便国家有难也终
　　　　会胜利，老夫可以瞑目了！

23

位卑未敢忘忧国

原文

病骨①支离②纱帽宽，孤臣③万里客④江干⑤。位卑未敢忘忧国，事定犹须待阖棺⑥。天地神灵扶庙社⑦，京华父老望和銮⑧。出师一表⑨通今古，夜半挑灯⑩更细看。

——宋·陆游《病起书怀》

·出处·

《病起书怀》——宋代诗人陆游被罢免官职后在成都写的诗作。

·注释·

① 病骨：指因疾病而瘦损的身躯。
② 支离：憔悴。
③ 孤臣：不受重用、远离朝廷的臣子。
④ 客：身在外乡。
⑤ 江干：江岸。
⑥ 阖（hé）棺：阖，闭上，合拢。合拢棺材，指死亡。诗中指盖棺定论。
⑦ 庙社：宗庙社稷，用以比喻国家。
⑧ 和銮：古代车上的铃铛。挂在车前横木上的称"和"，挂在车架上的称"銮"。
⑨ 出师一表：指诸葛亮所作的《出师表》。
⑩ 挑灯：拨动灯火点灯。

·译文·

　　病体消瘦更显得纱帽松宽，孤臣远在万里之外的江边。职位虽低微却从未忘记忧虑国事，要想实现收复失地的理想，只有死后才能盖棺定论。希望天地神明保佑国家社稷，故都的乡亲日夜企盼君王凯旋。诸葛孔明《出师表》渴望复国的忠义之情古今相通，深夜灯下细细品读，忍不住感慨万千。

陆游

我是陆放翁，爱国诗人

姓陆名游字务观，自号放翁宋朝人。
出身望族家学博，参加官员子弟试。
名列榜首我第一，秦桧孙子列我后。
秦桧嫉恨阻仕途，秦桧死后方出仕。
力主抗金遭构陷，起复积极促北伐。
嘉定和议北伐败，愤忧成疾不久逝。

小古文大典故

这首诗借用了一个成语：

盖棺定论

盖棺定论：指一个人的是非功过要到去世后才能得出结论。

官职升迁专用词

古文小锦囊

陆游一生中，官职时升时降。你知道吗，古代官职的升降都有着专用词呢！

授予官职	拜；除	提升官职	擢
降官	迁削；迁谪；左迁	升官	迁升；迁授；迁叙
离职后官复原职	迁复	平调	转迁；迁官；迁调
免去官职	罢；免；夺；黜	贬官或调往偏远地区	谪

在《病起书怀》中，陆游借挑灯夜读《出师表》表明自己的爱国情怀及对北伐复国的企盼。以《出师表》明志，陆游已不是第一次了，来看看他的《书愤五首·其一》吧——

早岁那知世事艰，中原北望气如山。
楼船夜雪瓜洲渡，铁马秋风大散关。
塞上长城空自许，镜中衰鬓已先斑。
出师一表真名世，千载谁堪伯仲间！

陆游：我去世时，一心企盼"王师北定中原"，没想到大宋竟被元朝灭了！这段历史已成过往，可读之仍然心痛如刀绞，泪目！今日召集几位文坛同好，叙叙旧！
　　　想当年，眼看山河破碎，我这心啊，疼！

李清照：陆放翁"位卑未敢忘忧国"，我虽身为女子，又何尝不忧虑国运？恨那时朝臣贪图安逸，没有硬骨头！

林升：易安居士（李清照，号易安居士）"至今思项羽，不肯过江东"诗句，怒其不争，铿锵有力，无奈朝廷上下早已沉湎享乐，"直把杭州作汴州"了！

辛弃疾：我曾在敌后起义反金，也曾谏言陛下起兵。可惜朝中无人真心北伐，我只能感叹"廉颇老矣，尚能饭否"喽！

范成大：辛稼轩（辛弃疾，号稼轩）临死仍大呼"杀贼"，风骨可感。我受命出使金国，坚持要金主收下订立接收国书礼仪的奏章。金国非但不收，还差点儿把我打死！那时我已立志效法汉使臣苏武，"提携汉节同生死"，宁死也不能丢掉大宋使臣的气节！

陆游：当时，满朝文武无一人敢出使金国，只有范致能（范成大，字致能）您毅然前往，全节而归，可感可佩！

27

伯牙鼓琴

　　伯牙鼓①琴，锺子期听之。方鼓琴而志在太山②，锺子期曰："善哉乎鼓琴！巍巍乎③若太山。"少选之间而志在流水，锺子期又曰："善哉乎鼓琴，汤汤乎④若流水。"锺子期死，伯牙破琴绝⑤弦，终身不复鼓琴，以为世无足⑥复为鼓琴者。非独⑦琴若此也，贤者亦然。虽有贤者，而无礼以接之，贤奚由⑧尽忠？犹御⑨之不善，骥⑩不自千里也。

——《吕氏春秋·本味》

六年级上册

·出处·

《吕氏春秋》——秦相吕不韦集合门客共同编写的杂家巨著。

·注释·

① 鼓：弹奏。
② 太山：一说泛指大山，高山；一说指泰山。
③ 巍巍乎：高大的样子。
④ 汤（shāng）汤乎：水流大而急的样子。
⑤ 绝：断绝。
⑥ 足：值得。
⑦ 独：唯独。
⑧ 奚由：从什么途径。
⑨ 御：驾驭。
⑩ 骥：好马，千里马。

伯牙弹琴，锺子期倾听。伯牙刚弹奏出蕴含高山情志的乐曲，锺子期说："弹得太好啦！旋律巍峨壮丽的样子如同大山！"不一会儿，伯牙弹奏出蕴含流水情志的乐曲，锺子期又说："弹得太好啦！旋律浩浩荡荡的样子如同江河！"锺子期去世，伯牙摔破琴扯断琴弦，终身不再弹琴，伯牙认为这世间没有值得再为他弹琴的人了。不是唯独弹琴是这样，贤德的人也是这样。即便得到贤德的人，却不能以礼相待，贤人从什么途径效忠呢？就像驾驭马匹不得其法，千里马也不能发挥出日行千里的能力。

小古文关键词

我是奇货可居的商人宰相

吕氏姜姓名不韦，战国卫国濮阳人。
秦王有孙名异人，发配赵国当人质。
我观异人如奇货，囤积可获大利益。
游说太子正妃成，召回异人认义子，
改名子楚受宠信。子楚即位成秦王，
拜我为相权势重。后人称我为商圣，
以人为货眼光高。

小古文大典故

这段古文衍生出一个成语：

高山流水

高山流水：比喻知音难觅或乐曲高妙。

文言百变字：乎

古文小锦囊

嗨，大家好！我是古文百变字团十三号成员——乎，百变小乎就是我！

角色一

我是**语气助词**，

表示疑问：

技盖至此乎？（乎：吗）——《庖丁解牛》

表示反问：

此不为远者小而近者大乎？（乎：吗）——《两小儿辩日》

表示揣度或商量：

其皆出于此乎？（呼：吧）——《师说》

角色二

我是**介词**：

在乎山水之间也。（乎：于）——《醉翁亭记》

角色三

我是**形容词**的尾巴：

巍巍乎若太山。（乎：……的样子。）——《伯牙鼓琴》

山中瀑布前，伯牙抱琴而坐，时不时拨弄琴弦。

伯牙：高山流水遇知音，情谊深长万古存。

锺子期：你为我砸琴断弦，义气！

瀑布旁转角处，联袂走出二人，一人羽扇纶巾，一人长臂大耳。

诸葛亮：砸琴断弦有啥稀罕？知人要比知音难！我本来在南阳耕田读书，是我主公刘玄德三顾茅庐，信任我重用我，我才得以在乱世中一展才干，名垂青史！

刘备：我得孔明如鱼得水！孔明为我蜀汉殚精竭虑，尽忠尽责辅佐我那不争气的儿子阿斗，直至鞠躬尽瘁，死而后已！

书戴嵩画牛

· 原文 ·

　　蜀中有杜处士，好书画，所宝①以百数。有戴嵩《牛》一轴，尤所爱，锦囊玉轴，常以自随。

　　一日曝②书画，有一牧童见之，拊掌③大笑，曰："此画斗牛也。牛斗，力在角，尾搐④入两股间，今乃掉⑤尾而斗，谬⑥矣。"处士笑而然⑦之。古语有云："耕当问奴，织当问婢。"不可改也。

——《苏轼文集·题跋》

六年级上册

32

·出处·

《苏轼文集》——宋代大文豪苏轼一生著作颇丰，《苏轼文集》以明末茅维《苏文忠公全集》
七十五卷本为底本，去掉了其中的词作，资料翔实，是研究苏轼的一套很具价值的参考书。

·注释·

① 宝：珍藏。

② 曝：晒。

③ 拊掌：拍手。

④ 搐（chù）：缩。

⑤ 掉：摆动，摇。

⑥ 谬：错误。

⑦ 然：认为……是对的。

·译文·

　　四川有位杜处士，喜爱书法、绘画作品，珍藏品达到数百幅。有一幅戴嵩画的《斗
牛图》，杜处士特别珍爱，用锦缎缝制画囊，用玉做画轴，经常随身携带。

　　一天，他正在晾晒书画，有一位牧童看见《斗牛图》，拍手大笑说："这张画画
的是斗牛。牛相斗时，力气集中在角上，尾巴会夹在两腿中间。现在这幅画上的牛却
摇着尾巴相斗，错啦。"杜处士笑着认可了牧童的说法。古人有句话说："耕种的事
应该问农民，织布的事应该问婢女。"这个说法确实有不可更改的道理。

小古文关键词

我是诗词文书画的全才

苏轼

姓苏名轼号东坡，两字子瞻与和仲，
北宋眉州眉山人。以诗为词创新境，
能文能赋擅书画，位列唐宋八大家。

这段古文与一个典故相关：

韩马戴牛

韩马戴牛：韩指唐代画家韩干；戴指唐代画家戴嵩。因韩干擅长画马，戴嵩擅长画牛，人们就把他们合称为韩马戴牛。

四库全书

古文小锦囊

乾隆三十七年(1772年)，乾隆皇帝下诏把《永乐大典》所辑佚书以及"各省所采及武英殿所有官刻诸书"汇编到一处，命名为《四库全书》，又名《钦定四库全书》。

这项编书工程极为浩大，有300多名官员、学者参与编纂，近4000人抄写，历时10年，分经、史、子、集4部，部下共有44类，类下又有66属，共收录3000余种图书，是一部几乎囊括了中国古代所有学科的百科全书。

苏轼：东坡最爱交朋友，谈天说地多痛快！今个儿请来三位客，买上三斤五花肉，东坡肉，炖起！

戴嵩：惭愧！我老戴画了一辈子牛，斗牛的尾巴是翘是缩都没整明白！

苏轼：莫自责，瑕不掩瑜嘛！除了尾巴问题，您这牛画的，又野又彪悍，绝了！

丰子恺：我也惭愧！我画了幅《卖羊图》——羊倌牵两只羊去卖。一位农民说我多画了一条牵羊绳。原来，羊随头羊走，牵住头羊，后面的羊自动跟上，哪里需要都牵着呀！

苏轼：哈哈，情有可原。这类饲养小常识，您不养羊还真没法儿知道。

王清任：您二位就算画错了，也只是丢些脸面，无伤大雅，我干的这行可是一丁点儿的错误都不能有！我发现《黄帝内经》记载的人体结构有错误，就冒着生命危险赶到疫区，解剖了30多具病死者的尸体，后来又多次观察死尸，真正确认了咱们人的心肝肠脾肺肾胆长啥样、在哪里长着，才敢写入《医林改错》。

苏轼：给王大夫点个大赞！确实，只有实践才能出真知呀！

学弈

　　孟子曰："无或①乎王之不智也，虽有天下易生之物也，一日暴②之，十日寒之，未有能生者也。吾见亦罕③矣，吾退而寒之者至矣。吾如有萌焉何哉！今夫弈之为数④，小数也；不专心致志，则不得也。弈秋⑤，通国之善弈者也。使弈秋诲⑥二人弈，其一人专心致志，惟弈秋之为听；一人虽听之，一心以为有鸿鹄⑦将至，思援弓缴⑧而射之。虽与之⑨俱学，弗若⑩之矣。为是其智弗若与？曰：非然也。"

——《孟子·告子上》

六年级下册

· 出处 ·

《孟子》——由孟子和他的学生编写，记载了孟子的言行及思想。

· 注释 ·

① 或：同"惑"，奇怪，疑惑。

② 暴：同"曝"，晒。

③ 罕：少。

④ 数：技艺。

⑤ 弈秋：这位叫"秋"的人很善于下棋，所以被称为弈秋。

⑥ 诲：教导。

⑦ 鸿鹄（hónghú）：大雁、天鹅一类的鸟。

⑧ 缴（zhuó）：系在箭上的丝绳，这里指带有丝绳的箭，射出后可把箭收回。

⑨ 之：他，指专心学棋的那个人。

⑩ 弗若：不如。

孟子说："大王不明智，没什么可奇怪的，即使是天下最容易生长的东西，晒它一天，冻它十天，也没有能成活的。我见大王的次数少，我一走，佞臣就到。我对大王萌发善良之心这件事又能怎么样呢！比如下棋的技能，是小技艺；不专心致志地学，也没办法掌握。弈秋，是全国最擅长下棋的人。让他教两个人下棋，其中一人专心致志地学，只听弈秋讲授。另一人虽然也在听，却一心认为有天鹅就要飞过来，想要拉弓搭箭去射它。虽然他和前一个人一起学，成绩却不如前一个人好。是因为他的智力比不上吗？我认为不是这样。"

齐宣王

小古文关键词

我是那位不智的王

姓田双名为辟疆，战国时期齐国君。
稷下学宫集贤才，力促百家齐争鸣。
孟子劝我用王道，不听不信行霸道。
五国联军来攻齐，自此衰落再未起。

小古文大典故

这段古文衍生出一个成语：

一曝十寒

一曝十寒：曝，晒；寒，冻。比喻学习或做事有时勤奋，有时懒散，不会有成效。

古文小锦囊

嗨,大家好!我是古文百变字团十四号成员——若,百变小若就是我!

角色一

我是**代词**:

若属皆为所虏。(若:你,你们)——《鸿门宴》

君子哉若人!(若:此,这个)——《论语·公冶长》

角色二

我是**连词**:

若潜师以来。(若:如果)——《秦晋殽之战》

以万人若一郡降者,封万户。(若:或者)——《汉书·高帝纪》

角色三

我是**助词**,站位形容词末尾:

其叶沃若。(若:……的样子)——《诗经·卫风·氓(méng)》

角色四

我是**动词**:

殽函之固,自若也。(若:好像。自若:像原来一样)——《过秦论》

为是其智弗若与?(若:及,比得上)——《孟子》

弈秋学生：孟子老师，听说您也曾读书三心二意，咋还拿我当反面例子呢？

孟子：没错，我小时候边学边玩，我妈一着急，当即把正在织的布剪断了。她告诉我，学习不专心就像中途断布，之前付出的努力统统白费！从此，我幡然悔悟专心学习，这才成了亚圣。

弈秋学生：我懂啦，走神不可怕，可怕的是走神却不知悔改。我去专心听课啦，拜拜！

两小儿辩日

孔子东游，见两小儿辩斗①，问其故。

一儿曰："我以②日始出时去人近，而日中③时远也。"

一儿曰："我以日初出远，而日中时近也。"

一儿曰："日初出大如车盖④，及⑤日中则如盘盂⑥，此不为远者小而近者大乎？"

一儿曰："日初出沧沧凉凉⑦，及其日中如探汤⑧，此不为近者热而远者凉乎？"

孔子不能决也。

两小儿笑曰："孰为⑨汝多知⑩乎？"

——《列子·汤问》

六年级下册

·出处·

《列子》——列子及他的弟子、后世人记载列子思想的散文、寓言、故事集。

·注释·

① 辩斗：辩论，争论。
② 以：认为。
③ 日中：正午。
④ 车盖：古代车上的圆形篷盖，形状与雨伞相似。
⑤ 及：到了。
⑥ 盂：盛放东西的圆口器皿。
⑦ 沧沧凉凉：寒凉。
⑧ 汤：热水。
⑨ 孰为：孰，谁；为，同"谓"，说。
⑩ 知：同"智"，智慧。

·译文·

　　孔子到东方游历，看见路边有两个小孩在争辩，便问他们争辩的原因。

　　一个小孩说："我认为太阳刚出来时离人近，到中午就远了。"

　　另一个小孩说："我认为太阳刚出来时离人远，到中午就近了。"

　　前一个小孩说："太阳刚升起时像车盖那么大，到了中午却像盘子那么小，这不是因为远小近大的道理吗？"

　　后一个小孩说："太阳刚升起时天气寒凉，到了中午却热得好似把手伸进热水，这不是因为近热远凉的道理吗？"

　　孔子也不能够判断谁对谁错。

　　两个小孩笑着说："谁说你智慧出众学识丰富呢？"

小古文关键词

我是会讲故事的道家代表

姓列双字名御寇，也叫圄寇、子列子，战国时期郑国人。老子之后承道学，主张清虚无为治。弟子整理我思想，成书《列子》传后世。《列子》又名《冲虚经》，寓言故事妙又精。

列子

会讲故事的列子，还讲过哪些好听的寓言故事呢？咱们来看一则吧：

余音绕梁

有位姑娘叫韩娥，歌喉清脆动听。有一次，她还没到齐国，带的粮食就吃光了。于是，她只好在雍门卖唱。韩娥走后，她的歌声还萦绕在房屋的栋梁上，足足三天都没断绝，周围的居民都以为她还没有离开。

后来，人们用"余音绕梁"来比喻优美的歌声。

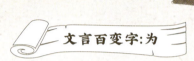

文言百变字：为

古文小锦囊

嗨，大家好！我是古文百变字团十五号成员——为，百变小为就是我！

角色一

我是**介词**：

此不为远者小而近者大乎？（为：因为，由于）——《两小儿辩日》

如姬为公子泣。（为：向、对）——《信陵君窃符救赵》

为进用，结宾客。（为：为了）——《吕不韦列传》

庖丁为文惠君解牛。（为：替）——《庖丁解牛》

为天下笑。（为：被）——《屈原列传》

角色二

我是**动词**：

吾令人望其气，皆为龙虎。（为：成为）——《鸿门宴》

陈胜、吴广皆次当行，为屯长。（为：担任）——《陈涉世家》

中峨冠而多髯者为东坡。（为：是）——《核舟记》

角色三

我是**助词**，表示反问语气：

何辞为？（为：呢）——《鸿门宴》

孔子：今天主题为吐槽，有请大家来帮忙——帮忙提意见。

PS: 不要刷礼物，不用点关注。

子路：老师您看镜头，读屏幕，微笑……

背书背得好辛苦：《论语》好难背，9 岁的我好痛苦，呜呜……

孔子：来，跟我读："学而时习之，不亦说乎……"

背书背得好辛苦：拜拜！

种瓜老农：孔夫子，现在您能分出五谷都有啥了吧？

孔子：自从您说我"四体不勤，五谷不分"，我亲手种了半亩棉花。

种瓜老农：棒棒哒！

孔子：感谢大家提宝贵意见，咱们下次直播——再见！

穷则变，变则通，通则久

原文

神农氏没[1]，黄帝、尧、舜氏作。通[2]其变，使民不倦[3]。神而化之，使民宜[4]之。《易》穷[5]则变，变则通，通则久。是以自天祐之，吉无不利。

——《周易·系辞下》

·出处·

《周易》——亦称《易经》。儒家重要经典之一，内容包括《经》和《传》两部分，通过八卦形式推测自然和社会的变化。

·注释·

① 没（mò）：通"殁"，去世。
② 通：通畅，顺达。
③ 倦：懈怠，倦怠。
④ 宜：适合，适宜。
⑤ 穷：极，尽。

·译文·

神农氏去世后，黄帝、尧、舜相继兴起成为统治天下的人。他们通改前代的制度，让百姓进取不懈怠。改变的方法神妙且在不知不觉中潜移默化，使百姓很好地适应。《周易》的道理是在无路可走时生出变化，变化就会通达，通达才能保持长久。人们遵循这个道理，所以能够从上天获得庇佑，吉祥而无往不利。

小古文关键词

我是华夏始祖之一

黄帝

本姓公孙又改姬，住轩辕丘氏轩辕。阪泉冀州与涿鹿，大战炎、蚩统华夏。亲手植下一株柏，至今苍郁在黄陵。发明水井度量衡，妻子嫘祖始养蚕。修纂《黄帝内经》成，世人尊我华夏祖。

这段古文衍生出一个成语：

穷则生变

穷则生变：穷，极点、尽头。指人到了艰难困苦无路可走的时候，就要想办法改变现状。

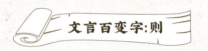

嗨，大家好！我是古文百变字团十六号成员——则，百变小则就是我！

角色一

我是**连词**，扮演各种"关系"，

承接关系：

则知明而行无过矣。（则：就，那么）——《劝学》

转折关系：

于其身也，则耻师焉。（则：却）——《师说》

角色二

我是**连词**，表示假设：

今则来，沛公恐不得有此。（则：假如）——《史记·高祖本纪》

角色三

我是**判断动词**，是：

此则岳阳楼之大观也。（则：是）——《岳阳楼记》

鲧：唔，陆游的这句诗我很喜欢："山重水复疑无路，柳暗花明又一村。"前方无路可走的时候，不妨转个弯，就有新景象了嘛！

伯乐：老太爷，您怎么在这山旮旯开起茶馆来啦？

鲧：唉！说多了都是泪啊！身为黄帝的后代，我治理洪水一败涂地。咱寻思，这洪水泛滥，用土堵住，不让它到处流就行了呗？结果我左堵右堵，上堵下堵，洪水却越来越厉害！我偷走天帝能够不断产生土壤的息壤，结果还是不管用，还被天帝派人宰了！幸好儿子大禹知道变通，换成挖开河道疏通的办法，成功平息了洪水。这不，我痛定思痛，就开了这家"转弯"茶馆，提醒人们变通很重要。

伯乐：说到变通，您儿子是正面范型！我儿子却是个妥妥的反面典型！我擅长相马，写有一部《相马经》，还配了图。这好马嘛，都有几个共同特点：额头高，眼睛亮，蹄子大。长得那叫一个精神！我儿子看完《相马经》，在路边抓了只癞蛤蟆，回家告诉我："老爸，您看这匹千里马多棒！额头高高隆起，眼睛又大又亮，除了蹄子小点儿，没毛病吧？"哎哟喂！这熊孩子可气死我了！这下可好，爷俩一起名扬后世，我以相马出名，儿子按图索骥、不知变通的没脑子行为也出名啦！

47

苟日新，日日新，又日新

·原文·

汤①之盘铭②曰："苟日新，日日新，又日新。"《康诰》③曰："作新民④。"《诗》⑤曰："周⑥虽旧邦，其命惟新⑦。"是故君子无所不用其极⑧。

——《礼记·大学》

·出处·

《礼记》——秦汉以前各种礼仪论著的选集，亦称《小戴记》或《小戴礼记》。

·注释·

① 汤：指成汤，商朝开国君主。

② 盘铭：刻在器皿上用来警戒自己的箴言。盘，盥洗之盘；铭，刻在器物上的字。

③《康诰》：《尚书》中的一篇文章。

④ 作新民：作，激励，使……振作；新，自新。使百姓弃旧迎新，弃恶从善。

⑤《诗》：引自《诗经·大雅·文王》。

⑥ 周：指周朝。

⑦ 其命惟新：其命，上天的使命；惟新：革新。周朝统治者不断革新自我，才得到上天的使命。

⑧ 无所不用其极：尽最大努力完善自我。

·译文·

成汤刻在盥洗之盘上的箴言说："如果能够做到一天保持自我革新，那么就要保持每一天都这样革新，新上加新。"《尚书·康诰》说："要激励人们振作自新。"《诗经·大雅·文王》说："周朝虽是一个旧的国家，但统治者不断革新自我，秉承了上天的使命。"所以，品德高尚的人应尽最大努力去完善自我。

48

康叔

我是周成王他叔

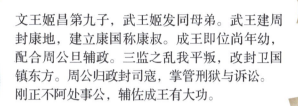

文王姬昌第九子，武王姬发同母弟。武王建周封康地，建立康国称康叔。成王即位尚年幼，配合周公旦辅政。三监之乱我平叛，改封卫国镇东方。周公归政封司寇，掌管刑狱与诉讼。刚正不阿处事公，辅佐成王有大功。

小古文大典故

这段古文衍生出一个成语：

日新月异

日新月异：新，更新；异，不同，变化。每天都在更新，每月都有变化，指发展或进步迅速。

康诰

古文小锦囊

　　《康诰》是西周周成王任命康叔治理卫国（殷商旧地）民众的诰书。康叔受封卫国时，辅政大臣周公旦召集群臣，为他举行了盛大的受封仪式。为帮助康叔安抚殷商遗民，周公旦以周成王的名义，制作并下发《康诰》《酒诰》《梓材》等文书，让康叔参照文书中的规则、道理来治理国家。

主持人：
大戴，小戴。

主题：
如何成为日日新的君子

参与者：
曾参、周处（三国时吴国官员）

大戴：谦谦君子，温润如玉，如何成为一名每天都在自我革新、进步的君子呢？

小戴：下面有请大家开始讨论。

曾参：三省吾身很关键。每天做到问自个儿三遍：为别人办事尽力吗？对朋友忠心吗？老师教的东西都学会了吗？做不到的地方及时改正。这样一天天拷问灵魂改变自己，成为日日新的君子，不难。

周处：成为君子不容易，顿悟很关键！我少年时胡作非为，乡亲们把山里猛虎、水中恶龙和我，并称为"三害"。有一天，也不知谁想了个损招，让我去杀猛虎除恶龙，希望我和它们同归于尽。我当时不知道啊，美滋滋地去了。等我历尽辛苦宰了虎斩了龙，兴高采烈回来，正要显摆呢，发现大家正庆贺"三害"死光了。得，这刺激忒大了！我立马决定从此做个好人。于是，我开始勤奋学习，遵守圣贤之道，每天自我革新改变自己，终于成了人人称颂、造福一方的父母官。

大戴：曾子勤学不辍，坚持三省吾身，终于成为一代名儒，可敬。

小戴：叔叔说得对！我觉得周处也很可敬。俗话说，学坏容易学好难，他能痛改前非，尽最大努力去完善自我，真应了那句"君子无所不用其极"呀！

51

青，取之于蓝而青于蓝

·原文·

君子曰：学不可以已①。青②，取之于蓝③，而青于蓝；冰，水为之，而寒于水。木直中绳，輮④以为轮，其曲中规，虽有槁暴⑤，不复挺者，輮使之然也。故木受绳则直，金就⑥砺⑦则利，君子博学而日参⑧省⑨乎己，则知明而行无过矣。

——《荀子》

·出处·

《荀子》——一部由荀子及其弟子所总结记录的著作，记叙了思想家荀况的政治、伦理及经济思想。

·注释·

① 已：停止。
② 青：靛青色，一种颜料。
③ 蓝：指蓼蓝草，叶子可以制作蓝色染料。
④ 輮（róu）：通"煣"（róu），用细火烘烤，使笔直的木材弯曲。
⑤ 槁暴（gǎopù）：槁，通"熇"（hè），形容火势猛烈；烤、烧。暴，同"曝"（pù），晒。槁暴，即烤干、晒干。
⑥ 就：靠近。
⑦ 砺：磨刀石。
⑧ 参：检验。
⑨ 省（xǐng）：省察，自省。

·译文·

君子说：学习是没有止境的。靛青，从蓼蓝草中提炼出来，但颜色比蓼蓝草更青；冰，水凝固而成，却比水更寒冷。木材笔直合于绳墨，将它烘烤弯曲做成车轮，弯曲后的木材曲度符合圆规的要求，即使再次火烤暴晒，也不能恢复挺直，这是烘烤弯曲才使它这样。所以木材打上墨线加工后才能变直，金属制成的刀剑在磨刀石上打磨才会锋利，君子广博学习而每天省察自己，就会智慧通达且行为没有过错。

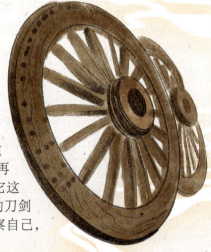

我是荀子学生

李斯

姓李名斯字通古，战国楚国上蔡人，
师从荀子学帝术，学成辞师西入秦，
进谏秦王阻逐客，毒杀同学韩非子，
辅佐秦王灭六国，官至丞相大权握，
二世即位政局乱，赵高害我于咸阳。

小古文大典故

这段古文衍生出一个成语：

青出于蓝

青出于蓝：从蓼蓝草中提取出来的靛青，颜色比蓼蓝草还深。比喻学生胜过老师或后人强于前人。

文言百变字：也

古文小锦囊

嗨，大家好！我是古文百变字团十七号成员——也，百变小也就是我！
我代表各种"语气"

站位句子最末端，
语气一：判断
辍使之然也。——《荀子》

53

语气二：反诘（jié，责问）
谁得而族灭也？——《阿房宫赋》

语气三：陈述或解释
苛政猛于虎也！——《捕蛇者说》

语气四：疑问
孔文子何以谓之文也？——《论语》

语气五：祈使（指表达直接命令、劝告或请求的语气）
攻之不克，围之不继，吾其还也。——《崤之战》

站位句中，让大伙喘口气儿——
语气六：表示语气停顿
其闻道也固先乎吾。——《师说》

<table>
<tr><td rowspan="10">穿越小剧场：青蓝茶馆小聚会</td></tr>
</table>

穿越小剧场：青蓝茶馆小聚会

荀子：闲来无事居山中，自娱自乐开茶馆，椅子刷上天蓝漆，桌子铺张青石面。

上官周（清朝画家）、司马谈（司马迁父亲）、徐阶（明嘉靖时期首辅大臣）：拜访荀老喝杯茶。

上官周：蓝椅青桌，馆名"青蓝"，是否寓意"青出于蓝而胜于蓝"？

荀子：对头！要说青出于蓝，上官先生和徐大人培养的学生特优秀，司马大人养个好儿子。

上官周：黄慎这孩子画画天赋高，成为扬州八怪之一，厉害！

徐阶：张居正有胆魄有能力，他推进万历新政，官至内阁首辅，出息！

司马谈：同样是太史令，司马迁历尽辛苦著成《史记》，比我这当老子的强！

荀子：哎哎，那谁，路过门口咋不进来？

李斯（用袖子遮脸）：老师，是我。

荀子：你和韩非的恩怨暂且不说，但你把我的"帝王之术"付诸实践又发扬光大，也算得上是青出于蓝的好学生啦！

54

苟利于民，不必法古；
苟周于事，不必循旧

原文·

治国有常，而利民为本；政教有经①，而令行为上②。苟利于民，不必法古；苟周于事，不必循旧。夫夏、商之衰也，不变法而亡；三代③之起也，不相袭而王。

——《淮南子·氾论训》

·出处·

《淮南子》——西汉淮南王刘安与他的门客们编纂的著作。内容以道家思想为主，糅合了儒、法、阴阳等家思想。

·注释·

① 经：经常实行的办法。
② 上：最。
③ 三代：指夏、商、周三个朝代。

·译文·

治理国家有常规，但必须以便利民众为根本；政令教化有常法，但必须以切实有效为最佳。如果对民众有利，不必一定要效法古制；如果适合实际情况，不必一定要遵循旧法。夏朝、商朝走到末路的时候，夏桀、商纣不改变旧法而导致灭亡；夏、商、周三个朝代兴起的时候，夏禹、商汤、周武王不因袭旧法而称王。

我是超有才的叛王

小古文关键词

刘安

高祖刘邦嫡亲孙，少年受封淮南王。好书鼓琴广招客，合著而成《淮南子》。热气浮升鸡蛋壳，发明豆腐传后世。起兵叛乱却败露，自刎而死累满门。

传说，安徽十大名菜之一"八公山豆腐"，就是淮南王刘安发明的——

刘安发明豆腐

　　刘安笃信道家，喜爱炼丹。有一天，他在炼丹炉旁观看炼丹，手中豆浆不小心洒在炼丹用的石膏上。不一会儿，石膏和豆浆都不见了，一块白嫩嫩的东西出现在原地。旁边有人尝了一下，觉得美味可口，刘安就让人端来一锅豆浆，又把石膏碾碎放入豆浆内。很快，满锅豆浆都变成了白嫩的半固体。刘安兴奋地大呼"离奇"。所以，八公山豆腐最初的名字就叫"黎祁"，即"离奇"的谐音。

文言百变字：因

古文小锦囊

嗨，大家好！我是古文百变字团十八号成员——因，百变小因就是我！

角色一

我是**介词**：

各因其宜。（因：依照）——《淮南子》

因河为池。（因：凭借）——《过秦论》

因击沛公于坐。（因：趁机）——《鸿门宴》

罚所及，则思无因怒而滥刑。（因：因为）——《谏太宗十思疏》

因宾客至蔺相如门谢罪。（因：通过）——《廉颇蔺相如列传》

角色二

我是**副词**：

项王即日因留沛公与饮。（因：就；便）——《鸿门宴》

角色三

我是**动词**：

蒙故业，因遗策。（因：沿袭，沿用）——《过秦论》

商鞅：变法图强哪家强？春秋战国数秦国。土地公有改私有，奖励军功明法令。秦国从此变强盛，统一六国建秦朝。

刘安：可惜呀，商鞅先生因变法得罪了贵族，最终惨遭车裂，幸好新法得以延续。

北魏孝文帝：内迁那会儿，我鲜卑族先祖拓跋珪建立北魏王朝。我即位后，迁都到洛阳，学习汉族规制，改说汉语，改姓汉姓。比如我复姓拓跋，就改姓"元"啦！

刘安：改革使北魏王朝经济大繁荣，促进了多民族融合，赞！

谭嗣同：晚清时，西方列强侵我中华。在光绪帝支持下，我与一众同仁励志变法，引入先进社会制度。可慈禧太后囚禁光绪帝，杀害维新派，硬生生把变法举措扼杀在摇篮里！

刘安：戊戌变法仅维持百日，可叹！谭先生等六人英勇就义，可佩！

图书在版编目（CIP）数据

课本里的小古文 ／ 杨宏丽主编． －－济南：山东友谊出版社，2021.4

ISBN 978-7-5516-2315-5

Ⅰ.①课… Ⅱ.①杨… Ⅲ.①文言文－小学－教学参考资料 Ⅳ.①G624.203

中国版本图书馆CIP数据核字（2021）第060775号

课本里的小古文

KEBEN LI DE XIAO GUWEN

策划编辑：王 震

责任编辑：肖 静 肖 杉

主管单位：山东出版传媒股份有限公司

出版发行：山东友谊出版社

地址：济南市英雄山路189号 邮政编码：250002

电话：出版管理部（0531）82098756

市场营销部（0531）82098035（传真）

网址：www.sdyouyi.com.cn

印 刷：鹤山雅图仕印刷有限公司

开本：778mm×491mm 1/12

印张：20 字数：300千字

版次：2021年4月第1版 印次：2021年4月第1次印刷

定价：210.00元（全4册）